Vertretungsstunden to go

Deutsch

Klasse 7/8

Sinnvolle Inhalte für spontanen Unterricht

Ulrike Rohr

Verlag an der Ruhr

Impressum

Titel
Vertretungsstunden to go
Deutsch Klasse 7/8

Autorin
Ulrike Rohr

Titelbild
unter Verwendung des Tafel-Fotos von © pressmaster/Fotolia.com

Verlag an der Ruhr
Mülheim an der Ruhr
www.verlagruhr.de

Geeignet für die Klassen 7–8

Unser Beitrag zum Umweltschutz
Wir sind seit 2008 ein ÖKOPROFIT®-Betrieb und setzen uns damit aktiv für den Umweltschutz ein. Das ÖKOPROFIT®-Projekt unterstützt Betriebe dabei, die Umwelt durch nachhaltiges Wirtschaften zu entlasten. Unsere Produkte sind grundsätzlich auf chlorfrei gebleichtes und nach Umweltschutzstandards zertiifiziertes Papier gedruckt.

ISBN 978-3-8346-2268-6

Printed in Germany

Inhaltsverzeichnis

Inhaltsverzeichnis

Vorwort

Liebe Kollegen,*

in Ihrem Alltag sind spontane Vertretungsstunden in allen Jahrgängen üblich, sodass Sie nun nach dem Erfolg von „Vertretungsstunden to go. Klasse 5/6" den Folgeband für die Jahrgänge 7 und 8 in den Händen halten. Auch mit diesen Materialien können Sie Vertretungs- aber auch Einzelstunden zu ausgewählten Deutschthemen aus dem Stegreif durchführen.
Die Arbeit mit den Materialien ist in zweierlei Hinsicht möglich: Die Materialien sind selbsterklärend und können somit kopiert den Schülern das selbstständige Arbeiten ermöglichen.
Um Kopien zu sparen, können Sie jedoch ebenfalls anhand der einzelnen Schritte des Materials die Schüler lehrerzentriert durch eine Stunde leiten, indem Sie ihnen die einzelnen Schritte als Arbeitsaufträge nennen.

Vermittlung von Kompetenzen

Die Aufgaben orientieren sich an den KMK-Bildungsstandards für das Fach Deutsch. Im Anhang finden Sie zu jedem Arbeitsbogen die angestrebten Kompetenzen aufgelistet.
Die Materialien sind in die einzelnen Schwerpunkte des Faches Deutsch aufgeteilt und mit folgenden Symbolen gekennzeichnet:

Grammatik und Rechtschreibung

Lesen

Texte schreiben

Darstellendes Spiel

Zusatzmaterialien

Die Arbeitsbögen berücksichtigen den Ansatz des integrativen Unterrichts, deshalb ist die Einteilung in die zuvor genannten Felder nur zur Verdeutlichung der jeweiligen Schwerpunkte.

Es ist selbstverständlich, dass sich in den Materialien auch die anderen Bereiche wiederfinden.

Differenzierung

Die Materialien erklären sich von selbst und können ohne Hilfe der Lehrkraft mit der Klasse, mit einer Gruppe, mit einem Partner oder alleine bearbeitet werden. Die Auswahl des jeweiligen Arbeitsbogens orientiert sich dabei an den Lernvoraussetzungen der Arbeitsgruppe.
Die Schüler können häufig aus unterschiedlichen Aufgaben oder Anregungen auswählen. Dies ermöglicht eine Differenzierung in heterogenen Gruppen. Zudem enthalten viele Arbeitsbögen eine direkte Differenzierung, wie Zusatzwortkarten oder Hilfestellungen in Form von Tipps bzw. Ideen- und Methodenkisten. Neben der Berücksichtigung des Genderaspekts und der altersgemäßen Interessenbereiche erfolgt eine Differenzierung auf Grund der Einbettung von Lesestrategien und der Anwendung kooperativer Lernmethoden.
Die Schüler können außerdem in der Auswertungs- und Reflexionsphase Hilfsbausteine in Form von Satzanfängen als zusätzliche Differenzierung nutzen. Die vorgegebenen Satzteile erleichtern den Einstieg in ein Gespräch, wie z.B. über das rücksichtsvolle Bewerten der Mitschülerproduktionen, das Formulieren des eigenen Lernzuwachses und der eigenen Gedanken.

Mein letzter Tipp an Sie: Es empfiehlt sich, Wort- oder Arbeitskarten, die von Ihnen kopiert und zerschnitten werden müssen, gleich auf Karton zu kopieren und eventuell zu laminieren. So können Sie die Materialien ohne erneute Vorbereitungszeit häufiger verwenden.

Ich wünsche Ihnen mit Hilfe der Materialien abwechslungsreiche, anregende und erfolgreiche Vertretungsstunden.

Ulrike Rohr

* Aus Gründen der besseren Lesbarkeit haben wir in diesem Buch durchgehend die männliche Form verwendet. Natürlich sind damit auch immer Frauen und Mädchen gemeint, also Lehrerinnen, Schülerinnen etc.

Grammatik und Rechtschreibung

Mit geschlossenen Augen sehen 1/2

Wolfgang Mennel

Manche Dinge kann man nur dann
farbig sehen, wenn man die Augen
fest geschlossen hat.

Zum Beispiel:
Eine tomatenblaue Krawatte.
Zwei grasrote Handschuhe.
Drei hochzeitskleidschwarze Autos.
Vier rote Sessel mit himmelblauen Punkten.
Vier erdbeergoldene Hüte.
Sechs weiße Rappen.
Sieben dottergelbe Deutschlehrer.
Acht orangefarbene Kiwis.
Neun kiwigrüne Orangen.
Zehn zimtweiße Zitronen.
Elf bunte Fußballspieler mit roten Hemden.
Zwölf rothaarige Blonde.
Dreizehn blaue Briefkästen.
Vierzehn gelbe Raben.
Fünfzehn zitronenblaue Äpfel.
Sechzehn gelbe Rotweinflecke.
Siebzehn nudelblaue Fahrräder.
Achtze …

(Jetzt habe ich leider die Augen geöffnet,
weil es an der Haustür geklingelt hat.
Vielleicht versuche ich es nachher noch einmal.
Gestern bin ich bis 38 gekommen.)

Mit geschlossenen Augen sehen 2/2

Der Autor des Gedichts auf der vorherigen Seite wurde beim Aufzählen von farbigen Dingen bei der Zahl 18 unterbrochen. Schreibe das Gedicht weiter, indem du in den folgenden Zeilen weitere Dinge aufzählst, die du mit offenen Augen wahrscheinlich nie sehen wirst.

1. Sicherlich ist dir aufgefallen, dass die zusammengesetzten Adjektive in vielen Zeilen aus zwei Wortarten bestehen. Bestimme die Wortarten in dem folgenden Beispiel.

TOMATENBLAU = BLAUE TOMATEN

Wortart: ____________ **Wortart:** ____________

2. Der Dichter wendet bei der Bildung seiner Beispiele dieses Prinzip häufiger an. Außerdem bildet er unwahrscheinliche Gegensätze. Ergänze die Tabelle mit passenden Beispielen aus dem Gedicht.

Unwahrscheinliche Adjektive	unwahrscheinliche Gegensätze
tomatenblaue ...	weiße Rappen ...

3. Suche dir eine 4er-Gruppe.
Ergänze die Tabelle mit euren eigenen, passenden Einfällen.

4. Schreibe mit Hilfe der Sammlung das Gedicht weiter.
Achte dabei darauf, die Regeln des Dichters fortzusetzen.
Schaffst du mehr als 38 Beispiele?

5. Lies deine Fortsetzung des Gedichtes der Klasse vor.
Deine Mitschüler schließen beim Zuhören am besten die Augen.
Sprich mit ihnen über deine neuen Zeilen.

Mit geschlossenen Augen konnte ich am besten folgendes Beispiel sehen: ...
Wir haben noch festgestellt, dass der Dichter folgende Regel in seinem Gedicht angewendet hat: ...
In dieser Zeile hast du die Regeln des Dichters nicht eingehalten: ...

Die Häuser der Gegensätze

Menschen leben in Häusern zusammen. Es sind Familien, Paare, Freunde … Manche Beziehungen zwischen Menschen, die zusammenleben, erscheinen uns als Betrachter von außen ganz anders, als sie es in Wirklichkeit sind. Gestaltet diese Gegensätze im Bild und mit Schrift in „Häusern der Gegensätze".

1. Sieh dir die Zeitungsüberschriften an. Notiere Wörter, die dir zu der Beziehung der Menschen einfallen.

> Demütigungen und Mobbing:
> „Früher schimpften sie mich Fettwanst!"

> Gutachter:
> Baby Luise starb an Mangelernährung

> Vom Rotzblag zum Pflegefall
> durch eine NCL-Krankheit

> Neues Familienmitglied:
> Herzlich Willkommen, Valeria!

--> **Tipp:** Du kannst auch eigene Wörter notieren.

2. Stelle einem Partner deine Wörter vor. Finde mit ihm gemeinsam zu jedem Wort einen gegenteiligen Begriff (z.B. Streit – Frieden).
3. Wähle ein Gegensatzpaar aus eurer Ideensammlung aus.
4. Gestalte diesen Gegensatz in einem Bild mit Schrift:
   a) Zeichne auf ein weißes DIN-A4-Blatt Papier den Umriss eines Hauses.
   b) Schreibe deine Wörter immer wieder in das Haus.
   c) Ordne sie dabei so an, dass Elemente eines Hauses, wie z.B. das Dach, Fenster oder die Tür, erkennbar werden.
   d) Überlege dir dabei, welches Wort für den Betrachter von außen sichtbar wird. Du kannst es mit Hilfe von Farben zusätzlich hervorheben.
5. Schneide dein Haus aus.
6. Klebe gemeinsam mit deinen Mitschülern eure Häuser auf einem Plakat zu einer Stadt zusammen.

Wortartenmeister – Das Wörterbuch hilft

„Übung macht den Meister" – das hört sich gut an.
Versucht deshalb heute, Meister der Wortarten zu werden.
Ein Partner und das Wörterbuch bringen euch zum Erfolg.

1. Wählt in Partnerarbeit eine Wortartenaufgabe, und bearbeitet sie mit Hilfe des Wörterbuchs. Wechselt euch bei jeder Aufgabenkarte mehrmals ab.
2. Geht auf diese Weise auch mit allen anderen Karten vor.

Verben Suche im Wörterbuch nach einem Verb. Nenne eine Zeitform, in die dein Partner dieses Verb konjugiert. Person und Numerus darf dein Partner selbst festlegen. **Beispiel:** rufen im Präteritum – ich rief	Nomen Suche im Wörterbuch nach einem Nomen in der Einzahl. Dein Partner nennt dir das Nomen in der Mehrzahl. **Beispiel:** Aufbau – Aufbauten
Artikel Suche im Wörterbuch nach einem Nomen. Dein Partner nennt den dazugehörigen bestimmten oder unbestimmten Artikel. **Beispiel:** Brezel – die Brezel	Adjektive Suche im Wörterbuch nach einem Adjektiv. Dein Partner steigert das Adjektiv. **Beispiel:** gierig – gieriger – am gierigsten
Präpositionen Suche im Wörterbuch nach einer Präposition. Dein Partner sagt einen kurzen Satz mit dieser Präposition und bestimmt den Fall, in dem das Nomen nach der Präposition steht. **Beispiel:** mit – Ich fahre mit dem Bus. (Dativ)	Personal- und Possessivpronomen Suche im Wörterbuch nach einem Nomen oder einer Person. Dein Partner bildet einen Satz, in dem das Nomen mit einem Possessivpronomen ergänzt oder die Person von einem Personalpronomen ersetzt wird. **Beispiel:** Auto – Unser Auto fährt schnell. Mann – Er läuft schnell.

Der Wortbausteinwürfel 1/2

Wenn du richtig schreiben möchtest, kannst du dir jedes Wort einzeln einprägen. In der deutschen Sprache gibt es ungefähr 500 000 Wörter, dann müsstest du also ziemlich lange üben. Doch es geht auch einfacher: Merke dir einzelne Wortbausteine, die in vielen Wörtern wiederkehren. Wenn du diese wenigen Bausteine kennst, kannst du gleich viele Wörter richtig schreiben. Übe diese Wortbausteine mit Hilfe eines Wortbausteinwürfels.

1. Suche dir drei weitere Mitschüler.
2. Einer von euch schneidet den Würfel der Vorlage aus.
3. Schreibe für dich alle Wortbausteine auf, die dir einfallen. In der Ideenkiste findest du einige Anregungen.

Ideen:

ver- • ent- • ge- • -tion • -lich
-ig • -ung • -heit • -keit

4. Stelle deiner Gruppe die Wortbausteine vor.
5. Entscheide nun mit deiner Gruppe, welche sechs Wortbausteine auf den sechs Seiten des Würfels stehen sollen.

--> Tipp: Es ist sinnvoll, die Wortbausteine auszuwählen, bei deren Schreibung immer wieder Fehler auftreten.

6. Ein Mitschüler deiner Gruppe schreibt auf jede Seite des Würfels einen Wortbaustein und klebt den Würfel anschließend zusammen.
7. Nun beginnt das Spiel:
   a) Ein Mitschüler würfelt. Anschließend versucht jeder so schnell wie möglich, drei Wörter mit dem Wortbaustein aufzuschreiben.
   b) Wer zuerst drei Wörter richtig geschrieben hat, erhält einen Punkt.
   c) Wiederholt diesen Ablauf. Wird ein Wortbaustein mehrmals gewürfelt, müssen immer neue Wörter gefunden werden.
8. Findet den Mitschüler mit den meisten Punkten aus allen Gruppen heraus. Er erhält als Klassensieger einen großen Applaus!

Würfelvorlage:

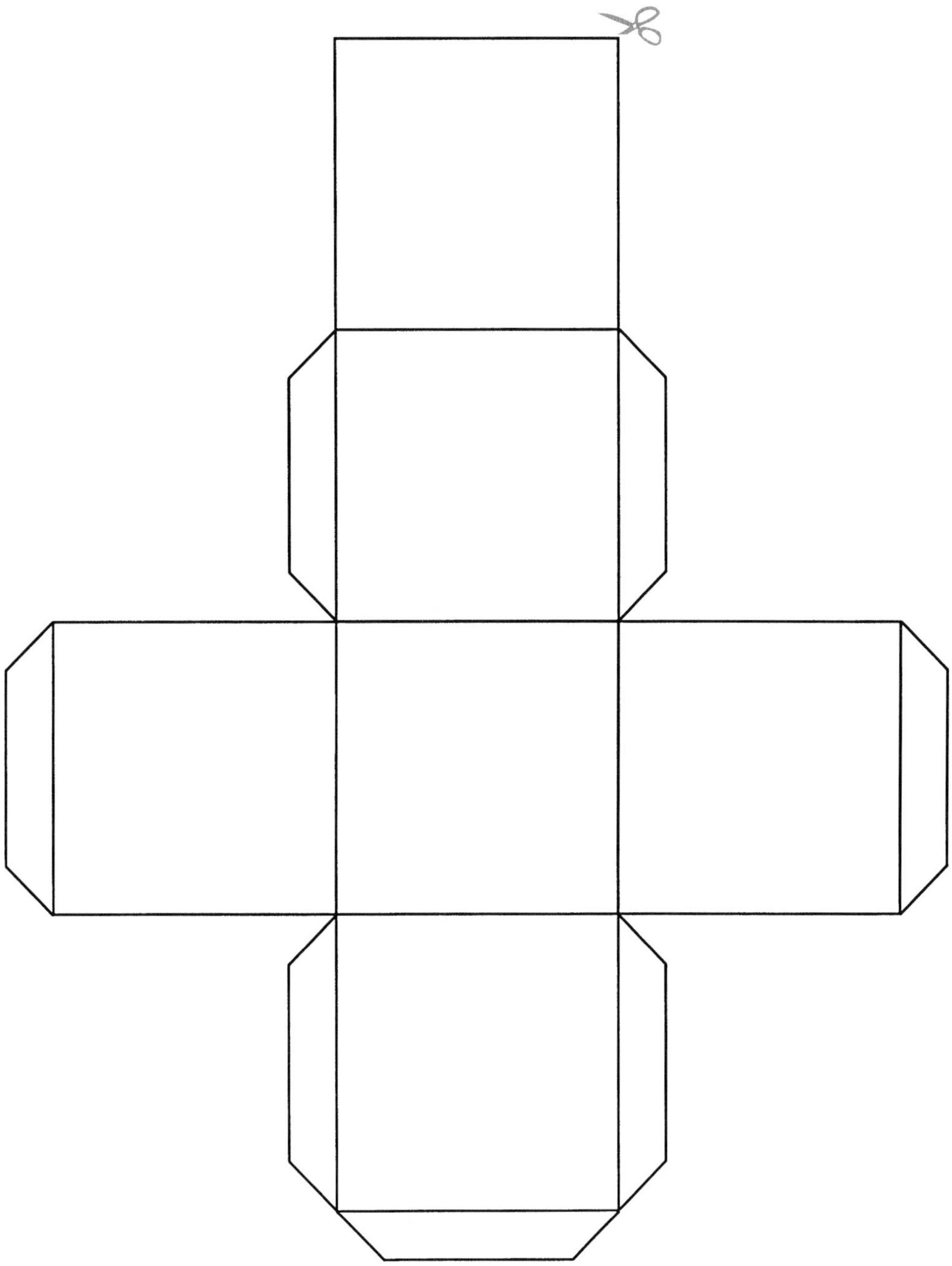

Personen-Memory® der Gegensätze

Bei einem Memory® müssen Spieler immer ein gleiches Paar aus einer großen Auswahl von Karten finden.
Bei dem heutigen Memory®-Spiel ist es etwas anders: Ziel ist es nicht, zwei gleiche Wörter zu finden, sondern zwei gegensätzliche Wörter bilden ein Paar.
Nun kommt noch eine Herausforderung dazu: Bei einem Personen-Memory® gibt es keine Karten, sondern jeder Schüler aus der Klasse ist eine „Memory®-Karte".

So spielt ihr das Personen-Memory® der Gegensätze:

1. Zwei Schüler sind die Spieler und verlassen während der Spielvorbereitung den Raum.
2. Alle anderen Mitschüler finden in Partnerarbeit zwei Wörter, die einen Gegensatz darstellen. Die Beispiele geben euch Anregungen.

Ideen:

heiß • kalt	Wärme • Kälte	schief • gerade
geben • nehmen	lachen • weinen	glatt • rau
Hass • Liebe	Ruhe • Unruhe	Sein • Nichtsein
Reichtum • Armut	einsam • gemeinsam	bunt • farblos
verlieren • finden	Glück • Pech	Leben • Tod
schreien • flüstern	Tag • Nacht	feige • mutig
alt • jung	Frieden • Krieg	einbauen • ausbauen
schön • hässlich	Freund • Feind	reden • schweigen
fröhlich • traurig	faul • fleißig	

3. Die Partner einigen sich, wer während des Spiels welches der beiden Wörter sagt.
4. Alle „Memory®-Schüler" stellen sich vor ihrem Stuhl auf.
5. Die zwei Spieler werden in den Klassenraum gebeten.
   Nun kann das Spiel beginnen:
   a) Der erste Spieler zeigt auf zwei Mitschüler.
   b) Diese nennen ihr zuvor festgelegtes Wort.
   c) Wenn es sich bei den beiden genannten Wörtern um ein passendes Gegensatzpaar handelt, setzen sich die „Memory®-Schüler" und der Spieler erhält einen Punkt. Er darf dann erneut zwei Mitschüler aufrufen.
   d) Sobald ein Spieler kein Gegensatzpaar entdeckt hat, ist der zweite Spieler mit dem Auswählen der „Memory®-Schüler" an der Reihe.
6. Das Spiel wird so lange fortgesetzt, bis alle Schüler auf ihrem Stuhl sitzen. Der Spieler mit den meisten Punkten ist Sieger.

Hans Georg Lenzen

Tiger-Jagd

Wer Lust hat, kann an Regentagen
auch hierzulande Tiger jagen.

Dort spielt der Tiger mit den Jungen
im Quellgebiet der Steigerungen:

Ein Lus-Tiger, ein Präch-Tiger,
ein Läs-Tiger, ein Mäch-Tiger,

Ein Hef-Tiger, ein Gran-Tiger,
Ein Bors-Tiger, ein Kan-Tiger,

Ein Kräf-Tiger, ein Saf-Tiger,
ein ganz und gar Wahrhaf-Tiger,

Ein Ar-Tiger, ein Bär-Tiger,
und manchmal ein Verfer-Tiger

von Bildern und Geschichten,
der so ein Spiel erfinden kann,
von dem wir hier berichten.

Man braucht zu dieser Tigerjagd
kein Netz und kein Gewehr,

und wer ein bisschen überlegt,
der findet noch viel mehr.

(Hans Georg Lenzen: Tiger-Jagd. Aus: Hans Joachim Gelberg (Hrsg.): Überall und neben dir. © 1986 Beltz & Gelberg in der Verlagsgruppe Beltz, Weinheim/Basel)

Geht in Partnerarbeit auf Jagd, und findet weitere Tiger.

1. Jeder von euch schreibt mindestens fünf Adjektive auf, die in der Vergleichsstufe die Endung -tiger enthalten.
2. Betrachtet die „Tiger-Wörter" im Gedicht. Umkreist die Wörter, die sich in der ersten Silbe reimen.
3. Sucht nach weiteren Auffälligkeiten bei der Auswahl der Tiger-Wörter im Gedicht.
4. Schreibt gemeinsam für das Gedicht weitere Strophen, die das Reimschema und den vorgegebenen Aufbau berücksichtigen. Eure Wortsammlung hilft euch dabei.
5. Lest das Ergebnis eurer Tiger-Jagd den Mitschülern vor. Findet die besten Tiger-Jäger der Klasse heraus.

Das mag ich an dir

Es tut gut, von anderen ein Lob zu hören und Mitmenschen etwas Gutes zu sagen. „Du bist nett!" ist natürlich schon einmal ein Anfang, aber da gibt es bestimmt noch weitere, treffendere Wörter, mit denen du die positiven Eigenschaften eines Menschen beschreiben kannst.

Diese positiven Eigenschaftswörter sollst du nun mit deiner Klasse sammeln, um anschließend ein vielfältiges Wortangebot für eine „Das mag ich an dir ..."-Runde in der Klasse zu haben.

1. Schreibe die Buchstaben des Alphabets untereinander auf ein Din-A4-Blatt.
2. Notiere mit deinem Tischnachbarn zu jedem Buchstaben des Alphabets mindestens eine positive Charaktereigenschaft.

a
b
clever
d
...

3. Wer hatte die meisten Ideen? Sammle mit deiner Klasse die Wörter an der Tafel. Gefällt dir ein an der Tafel aufgeschriebenes Wort? Ergänze es in deiner Alphabetliste.
4. Befestige mit einem Klebestreifen ein Din-A4-Blatt aus dickem Papier auf deinem Rücken.
5. Gehe in der Klasse umher, und schreibe jedem Mitschüler eine positive Eigenschaft, die dir an ihm gefällt, auf das Din-A4-Blatt. Deine Alphabetliste bietet eine große Auswahl von Wörtern, um dir die passenden auswählen zu können. Du kannst dein Lob auch in vollständigen Sätzen formulieren und mit einer Unterschrift versehen.
6. Wenn du dein Lob auf jeden Mitschüler verteilt hast und selbst auch von jedem Mitschüler bedacht wurdest, nimm das Blatt von deinem Rücken. Genieße nun jedes wohltuende, an dich gerichtete Lob.
7. Tausche dich mit deiner Klasse über die „Das mag ich an dir ..."-Runde aus.

Am meisten habe ich mich über folgendes Lob gefreut: ...
Folgenden Satz habe ich nicht verstanden: ...
Ich werde heute Nachmittag auch einmal ... loben, weil ...

Satzglieder-Quiz 1/4

Wenn ihr euch im Unterricht gegenseitig Tipps geben möchtet, wie ihr einen Text überarbeiten könnt, z.B. indem die Satzglieder umgestellt werden, ist es wichtig, die Satzglieder auch benennen zu können.

Im folgenden Spiel könnt ihr den Umgang mit Satzgliedern üben.

1. Bildet Vierergruppen.
2. In der Klasse liegen Quizkarten für das Satzgliederspiel aus. Jede Gruppe nimmt sich einen Stapel Karten.
3. Ziel des Spieles ist es, möglichst viele Karten zu erhalten.
4. Dazu muss die jeweilige Frage richtig beantwortet werden:
   a) Es liest der Reihe nach immer ein Spieler eurer Gruppe eine Quizkarte vor. (Dieser Spieler darf in der Runde natürlich keine Antwort geben, weil sich die Lösung auf der Quizkarte befindet.)
   b) Jeweils im Uhrzeigersinn erhält ein Mitspieler die Möglichkeit, die Antwort zu nennen. Weiß er sie nicht, darf der Mitspieler mitraten, der sich zuerst gemeldet hat.
   c) Es erhält der Mitspieler die Karte, der zuerst die richtige Antwort genannt hat.
5. Spielt das Spiel so lange, bis alle Quizfragen beantwortet worden sind. Der Mitspieler mit den meisten Karten ist Gruppensieger.
6. Erstellt nun für einen zusätzlichen Durchgang weitere Spielkarten. Tauscht diese mit einer Nachbargruppe aus, damit ihr nicht eure eigenen Fragen beantworten müsst.

--> **Tipp:** Bei welchen Satzgliedern hattet ihr die meisten Schwierigkeiten? Übt diese im nächsten Durchgang besonders, indem ihr Quizkarten vor allem zu diesen Satzgliedern erstellt (dann fällt das Austauschen mit einer anderen Gruppe aus).

Satzglieder-Quiz 2/4

Kopieren Sie diese Karten mehrfach, schneiden Sie sie auseinander, und legen Sie sie in der Klasse aus.

Bestimme im folgenden Satz das Prädikat:

Wir haben uns oft während des Unterrichts gelangweilt.

Lösung: haben – gelangweilt (= Prädikatsklammer)

Nenne eine Hilfe, um die Satzglieder in einem Satz zu ermitteln.

Lösung: Die Satzglieder eines Satzes kann ich mit Hilfe der Umstellprobe ermitteln.

Bestimme im folgenden Satz das Subjekt:

Gestern fanden die Schüler im Schrank ein angebissenes Brot.

Lösung: die Schüler

An welcher Stelle steht immer das Prädikat in Fragesätzen?

Lösung: Das Prädikat steht in Fragesätzen immer an der ersten Stelle.

Stelle den folgenden Satz sinnvoll um:

In den Deutschstunden lesen wir viele spannende Texte.

Mögliche Lösung: Wir lesen in den Deutschstunden viele spannende Texte.

Bestimme im folgenden Satz das Genitiv-Objekt:

Er war sich ihrer Freundschaft schon seit Langem bewusst.

Lösung: ihrer Freundschaft

Bestimme im folgenden Satz die Bestimmung der Art und Weise:

Der Schüler wirft das Arbeitsheft mit voller Wucht in den Mülleimer.

Lösung: mit voller Wucht

Welche Frage stellst du, um das Dativ-Objekt im Satz zu finden?

Lösung: Wem …?

Satzglieder-Quiz 3/4

Kopieren Sie diese Karten mehrfach, schneiden Sie sie auseinander, und legen Sie sie in der Klasse aus.

Welche Frage stellst du, um das Prädikat im Satz zu finden? **Lösung:** „Was tut …?“	Bestimme im folgenden Satz das unterstrichene Satzglied: Der Schüler weigerte sich, das schlechte Zeugnis anzunehmen. **Lösung:** Akkusativ-Objekt
Bilde aus den folgenden Satzgliedern einen sinnvollen Satz: viele Schüler – in die Schule – mit ihren Schultaschen – am Montag – müde – gehen **Mögliche Lösung:** Am Montag gehen viele Schüler müde mit ihren Schultaschen in die Schule.	Bestimme im folgenden Satz das Subjekt: Gestern schrieb die Lehrerin ein Gedicht an die Tafel. **Lösung:** die Lehrerin
Stelle den folgenden Satz so um, dass das Prädikat am Anfang steht: Die Kreide quietscht beim Schreiben an der Tafel. **Lösung:** Quietscht die Kreide beim Schreiben an der Tafel?	Nenne drei Objekte. **Lösung:** Genitiv-Objekt, Dativ-Objekt, Akkusativ-Objekt
Bestimme im folgenden Satz das Dativ-Objekt: Ich reiche meinem Tischnachbarn den Lösungszettel. **Lösung:** meinem Tischnachbarn	Welche Frage stellst du, um das Akkusativ-Objekt in einem Satz herauszufinden? **Lösung:** Wen oder was …?

Satzglieder-Quiz 4/4

Kopieren Sie diese Karten mehrfach, schneiden Sie sie auseinander, und legen Sie sie in der Klasse aus.

Bestimme im folgenden Satz die adverbialen Bestimmungen: In seiner Schultasche liegt seit gestern ein Apfel. **Lösung:** In seiner Schultasche = adverbiale Bestimmung des Ortes; seit gestern = adverbiale Bestimmung der Zeit	Ergänze den folgenden Satz um eine adverbiale Bestimmung: Die Klasse unternimmt einen Ausflug. **Mögliche Lösung:** Die Klasse unternimmt heute einen Ausflug. (heute = adverbiale Bestimmung der Zeit)
Ergänze den folgenden Satz um eine adverbiale Bestimmung der Art und Weise: Der Hausmeister fegt den Schulhof. **Mögliche Lösung:** Der Hausmeister fegt sorgfältig den Schulhof. (Wie? = adverbiale Bestimmung der Art und Weise)	Nenne drei Fragewörter, die dir helfen, eine adverbiale Bestimmung des Ortes in einem Satz zu bestimmen. **Mögliche Lösung:** Wo? Woher? Wohin?
Bestimme im folgenden Satz das Akkusativ-Objekt: Die Klassensprecherin blickt ihren Mitschüler immer wieder verliebt an. **Lösung:** ihren Mitschüler	Ergänze den folgenden Satz um eine adverbiale Bestimmung des Ortes: Ich sehe unseren Lehrer. **Mögliche Lösung:** Ich sehe unseren Lehrer im Lehrerzimmer.
Nenne das Fragewort, um ein Genitiv-Objekt im Satz zu bestimmen. **Lösung:** Wessen?	Bestimme im folgenden Satz die Satzglieder: Die Landkarte hängt im Klassenraum. **Lösung:** Die Landkarte (Subjekt) hängt (Prädikat) im Klassenraum (adverbiale Bestimmung des Ortes).

Wörterbucharbeit: Fremdwörter sammeln 1/2

Unsere deutsche Sprache hat etwa 500 000 Wörter. Forscher haben untersucht, dass davon ungefähr 100 000 Wörter aus einer anderen Sprache übernommen worden sind.
Bei vielen dieser Wörter wissen wir oft gar nicht mehr, dass sie aus einer anderen Sprache stammen.
Beispiel: Bus, Streik, Start.
Bei anderen Wörtern erkennen wir jedoch an der Schreibung, dass es sich um Fremdwörter handelt.
Beispiel: Philosophie, Computer.

Aber auch für diese Wörter gibt es Regeln.
Das Wörterbuch hilft beim Schreiben von Fremdwörtern.
Wenn wir die Regeln kennen, können wir diese Wörter auch schneller nachschlagen und richtig schreiben.

1. Bildet vier Gruppen, die sich jeweils in einer Tischgruppe zusammensetzen.
2. Jede Gruppe erhält eine Aufgabenkarte, auf der eine Regel zur richtigen Schreibung der Fremdwörter steht.
3. Sammelt mit Hilfe des Wörterbuchs Beispielwörter zu eurer Aufgabenkarte. Schreibt die Fremdwörter auf ein Din-A3-Blatt. Achtet dabei auf die richtige Schreibung der Wörter!

--> Tipp: In vielen Wörterbüchern steht hinter einem Fremdwort deren Herkunft. **Beispiel:** der Athlet (griech.)

4. Auf ein Zeichen eurer Lehrkraft wechselt ihr den Gruppentisch im Uhrzeigersinn und beginnt wiederum mit dem Sammeln von Beispielwörtern zur neuen Aufgabenkarte.
5. Wechselt so lange die Tischgruppen, bis ihr wieder an eurer Ausgangsaufgabe seid.
6. Stellt der Klasse die gesammelten Wörter vor. Sind alle gefundenen Wörter richtig und passend zur Regel aufgeschrieben?

Bei dem Wort ... war ich mir gar nicht bewusst darüber, dass es sich um ein Fremdwort handelt.

Wörterbucharbeit: Fremdwörter sammeln 2/2

Wörterbucharbeit 1: Fremdwörter sammeln mit „th“

Regel: Fremdwörter, die wir in der deutschen Sprache benutzen, die aber ursprünglich aus dem Griechischen kommen, behalten ein „th“.

Beispiel: die Bibliothek

1. Überlegt euch weitere Beispielwörter, die zur Regel passen.
2. Kontrolliert die Wörter mit Hilfe des Wörterbuches.
3. Schreibt alle richtigen Wörter auf das Din-A3-Blatt der Tischgruppe.

Wörterbucharbeit 2: Fremdwörter sammeln mit K-Laut am Anfang des Wortes

Regel: Viele Fremdwörter, die du am Anfang mit einem K-Laut sprichst, werden mit „C“ oder „Ch“ geschrieben.

Beispiel: der Charakter

1. Überlegt euch weitere Beispielwörter, die zur Regel passen.
2. Kontrolliert die Wörter mit Hilfe des Wörterbuches.
3. Schreibt alle richtigen Wörter auf das Din-A3-Blatt der Tischgruppe.

Wörterbucharbeit 3: Fremdwörter sammeln mit „Ph“ am Anfang

Regel: Fremdwörter, die am Anfang mit einem „F“-Laut gesprochen werden, schreibt man häufig mit „Ph“.

Beispiel: der Philosoph

1. Überlegt euch weitere Beispielwörter, die zur Regel passen.
2. Kontrolliert die Wörter mit Hilfe des Wörterbuches.
3. Schreibt alle richtigen Wörter auf das Din-A3-Blatt der Tischgruppe.

Wörterbucharbeit 4: Fremdwörter sammeln mit „-ik“ am Ende

Regel: Die Endung „-ik“ wird in Fremdwörtern immer nur mit „k“ und nicht mit „ck“ geschrieben.

Beispiel: Physik

1. Überlegt euch weitere Beispielwörter, die zur Regel passen.
2. Kontrolliert die Wörter mit Hilfe des Wörterbuches.
3. Schreibt alle richtigen Wörter auf das Din-A3-Blatt der Tischgruppe.

Zeitlauf 1/2

Beim Schreiben und Sprechen ist es wichtig, die richtige Zeitform eines Verbs zu verwenden. Deine Sätze werden dann genauer, und du bist von deinen Mitmenschen besser zu verstehen.
Die Bildung der Zeitformen von Verben kannst du in folgendem Spiel üben.

1. Wiederholt in der Klasse die möglichen Zeitformen des Verbs.

2. Das Spiel beginnt:
   a) Vier Schüler wählen sich einen Partner und stellen sich gemeinsam jeweils in eine Ecke des Klassenraumes. Alle anderen Mitschüler sind die Jury bei dem Spiel.
   b) Euer Lehrer liest eine Aufgabe zu den Zeitformen vor. Das Paar, welches zuerst die richtige Antwort gibt, darf in die nächste Ecke wandern.

--> **Tipp:** Das Paar sollte die Antwort gemeinsam besprechen, denn eine falsche Antwort bedeutet, dass das Paar eine Ecke zurückgehen muss.

   c) Sieger ist das Paar, das zuerst wieder in seiner Ausgangsecke angelangt ist.

3. Wiederholt das Spiel, bis alle Schüler einmal am Zeitlauf teilgenommen haben.

4. **Variante:**
   a) In der Klasse liegen Kärtchen aus. Jeder von euch schreibt auf die Vorderseite eine Zeitform und auf die Rückseite einen Satz in dieser Zeitform.

--> **Tipp:** Schreibt auf die Karte jeweils euren Namen, damit niemand beim Spielen einen Vorteil hat, wenn er die eigene Frage beantworten müsste.

   b) Sammelt die Karten auf dem Lehrerpult.
   c) Die Lehrkraft nimmt eine von euch hergestellte Karte und liest den Satz vor. Das Paar, welches zuerst die richtige Zeitform, in der der Satz steht, nennt, darf in die nächste Ecke wandern.

Zeitlauf 2/2

Die Sportler laufen auf das Feld. Bilde den Satz im Präteritum.	Die Zuschauer sind aufgeregt. Bilde den Satz im Plusquamperfekt.	Ich werde gelacht haben. In welcher Zeitform steht das konjugierte Verb?
Der Schiedsrichter hatte die Spielregeln gelesen. In welcher Zeitform steht das konjugierte Verb?	Die Sportler haben sich in einer Reihe aufgestellt. In welcher Zeitform steht das konjugierte Verb?	Ein Mann trug die Erfrischungsgetränke. In welcher Zeitform steht das konjugierte Verb?
Die Läufer wärmen sich auf. Bilde den Satz im Perfekt.	Jeder Sportler ist stolz auf sich. Bilde den Satz im Futur I.	Der Politiker spricht die Begrüßungsrede. Bilde den Satz im Futur II.
Vor dem Lauf brauchte jeder Läufer seine Ruhe. In welcher Zeitform steht das konjugierte Verb?	Der Startschuss ertönt. In welcher Zeitform steht das konjugierte Verb?	Die Läufer beginnen den Lauf. Bilde den Satz im Präteritum.
Das Publikum sprang vor Freude von den Sitzen auf. In welcher Zeitform steht das konjugierte Verb?	Ich hatte noch nie so einen spannenden Lauf gesehen. In welcher Zeitform steht das konjugierte Verb?	Der Läufer mit der Nummer 13 lief am schnellsten. Bilde den Satz im Präsens.
Die Ziffer 13 ist eine Unglückszahl. Bilde den Satz im Plusquamperfekt.	Der Läufer stolpert über seinen rechten Fuß. Bilde den Satz im Futur I.	Das Publikum schweigt vor Entsetzen. Bilde den Satz im Perfekt.
Der Läufer mit der Nummer 13 wird enttäuscht gewesen sein. In welcher Zeitform steht das konjugierte Verb?	Was passierte dann im Wettkampf? In welcher Zeitform steht das konjugierte Verb?	Der Läufer steht wieder auf und läuft weiter. Bilde den Satz im Präteritum.

Unterwasserpark, der an Bord eines Glasbodenbootes
oder in einem geführten Tauchgang erkundet werden
kann.
In der südlichen Hälfte Basse Terres sind zwei
beeindruckende Naturschauspiele Guadeloupes zu
besichtigen. Zum Soufriere, dem aktiven Vulkan der
Insel, gelangt man nach einem Fußmarsch von
zweieinhalb Stunden, gutes Schuhwerk, warme und
wasserdichte Kleidung sowie leidliche Kondition
vorausgesetzt. Als Belohnung für die Anstrengung
erhält man den Blick auf eine bizarre Landschaft mit
Kratern, erstarrten Lavaströmen, Moosen, Farnen
und, bei klarem Wetter, einen atemberaubenden

Lesen

Facebook: Super oder blöd? 1/3

Höchstwahrscheinlich sind einige Schüler aus eurer Klasse bereits bei Facebook oder einem anderen sozialen Netzwerk. Und sicherlich hat jeder von euch auch eine Meinung zu dieser Form des Austausches mit anderen Menschen.
Diese Meinung könnt ihr in einer Debatte in der Klasse darstellen.

1. Jeder von euch notiert in Stichpunkten, welche Meinung er zu sozialen Netzwerken hat und welche Argumente die eigene Meinung unterstützen.
2. Findet euch in zwei Gruppen zusammen:
   Eine Gruppe besteht aus Schülern, die sich für die Nutzung sozialer Netzwerke aussprechen, die andere Gruppe ist dagegen.
3. Auf den nächsten Seiten findet ihr Meinungen und Argumente von Jugendlichen, die sie im Internet zu Facebook geäußert haben.
   Lest die Äußerungen gemeinsam durch.
4. Sortiert die Äußerungen danach, welche für und welche gegen soziale Netzwerke sprechen (markiert sie z.B. mit unterschiedlichen Farben).
5. Jeder von euch findet ein Argument, das die Meinung der Gruppe darstellt. Tragt alle Argumente in eine Tabelle wie die angegebene ein, und ergänzt in die erste Spalte, wer das Argument vorträgt.
   Die zu Beginn in Einzelarbeit notierten Argumente und die sortierten Meinungen auf dem Tisch dienen euch als Anregung.

Name des Vortragenden	Argument	Gegenargument

6. Nun setzen sich die Pro- und die Kontragruppe im Klassenraum gegenüber.
7. Im Wechsel trägt jeweils ein Schüler der Gruppen sein Argument vor, bis jeder Schüler sein Argument genannt hat.

--> **Tipp:** Merkt euch die Argumente der Gegengruppe gut. Vielleicht benennt ihr auch zwei Schüler aus eurer Gruppe, die die Argumente in Stichworten mitschreiben und die vorgegebenen Argumente, die von der anderen Gruppe verwendet wurden, abhaken.

8. Ordnet die Gegenargumente der anderen Gruppe in eurer Tabelle so zu, dass sie jeweils zu einem eurer Argumente passen.
9. Die Gruppen setzen sich erneut gegenüber. Ein Schüler beginnt mit einem Argument, das die Einstellung der Gruppe zu Facebook widerspiegelt.
   Ein Schüler der anderen Gruppe muss nun darauf ein passendes Gegenargument nennen.
   Geht in dieser Weise vor, bis alle Argumente und Gegenargumente genannt sind.

Facebook: Super oder blöd? 2/3

von Gold-kopf _ xy

Am Anfang war ich ziemlich verunsichert, wie es bei Facebook mit der Datensicherheit aussieht.
Aber eigentlich kommt es ja viel mehr darauf an, welche Informationen man von sich selbst preisgibt.

von Lollipop1

Ich weiß aus den Medien, dass Facebook viel mehr Daten über die User hat, als sie denken.
Facebook kann z.B., ohne dass du es merkst, nachvollziehen, auf welchen Seiten du surfst.

von Mine99

Was soll ich mit 287 Facebook-„Freunden“, mit denen ich mich nicht wirklich aussprechen kann, wenn ich traurig bin? Da sind mir meine zwei „echten“ Freundinnen, die für mich da sind und mit denen ich mich nach der Schule bei mir zu Hause treffe, viel lieber.

von Ezgi _ blue

Ein Vorteil von Facebook ist, dass es kostenlos ist.

von Steffi

Meine Freundin hängt mindestens fünf Stunden pro Tag vor Facebook. Sie ist schon richtig süchtig.

Facebook: Super oder blöd? 3/3

von
Tom

Wenn du dich heute bei Facebook anmeldest, kann es morgen schon sein, dass die ihre Geschäftsbedingungen ändern und plötzlich Dinge von dir im Internet sind, die du niemals veröffentlichen wolltest.

von
Superboy321

Ich bin erst seit kurzer Zeit bei Facebook und werde mich auch bald wieder abmelden, weil es mich wirklich aufregt, dass so viele oberflächliche und niveaulose Texte und Bilder gepostet werden.

von
Paul

Meiner Meinung nach ist Facebook überflüssig, denn z.B. die Fotos von der letzten Party kann ich Freunden auch in einer E-Mail schicken.

von
Bibi 97

Ich finde es super, dass ich über Facebook weiterhin Kontakt zu Leuten halten kann, die ich im Ausland kennen gelernt habe. Allerdings finde ich die vielen „Freundesanfragen" von Leuten, mit denen ich nichts zu tun haben will, echt nervig.

von
doggy

Ich habe über Facebook schon viel über den Umgang mit solchen Medien gelernt und bin viel vorsichtiger geworden.

von
Lilly

Ich fühle mich gut und gemocht, wenn mir Freunde über Facebook sagen, dass sie mich gern haben.

Wie viele Söhne siehst du?

Das Märchen „Die drei Söhne" von Leo N. Tolstoi ist durcheinander geraten.

„Und warum lobst du deinen Sohn nicht?", fragten sie die dritte, als diese schwieg. „Er hat nichts, was ich loben könnte", entgegnete sie. „Mein Sohn ist nur ein gewöhnlicher Knabe, er hat nichts Besonderes an sich und in sich …"

Da kamen ihnen drei Jungen entgegen. Der erste stellte sich auf die Hände und schlug Rad um Rad. Die Frauen riefen: „Welch ein geschickter Junge!"

Die Eimer waren schwer und die abgearbeiteten Hände schwach. Deshalb legten die Frauen eine Ruhepause ein, denn der Rücken tat ihnen weh.

Der zweite sang so herrlich wie die Nachtigall, und die Frauen lauschten andachtsvoll mit Tränen in den Augen. Der dritte Junge lief zu seiner Mutter, hob die Eimer auf und trug sie heim.

„Mein Sohn", sagte die erste, „ist so geschickt, dass er alle anderen hinter sich lässt …" „Mein Sohn", sagte die zweite, „singt so schön wie die Nachtigall! Es gibt keinen, der eine so schöne Stimme hat wie er …"

Da fragten die Frauen den alten Mann: „Was sagst du zu unseren Söhnen?" „Wo sind eure Söhne?", fragte der alte Mann verwundert. „Ich sehe nur einen einzigen Sohn!"

Die Frauen füllten ihre Eimer und gingen heim. Der alte Mann aber ging langsam hinter ihnen her.

Drei Frauen wollten am Brunnen Wasser holen. Nicht weit davon saß ein alter Mann auf einer Bank und hörte zu, wie die Frauen ihre Söhne lobten.

1. Lies die Abschnitte, schneide sie aus, und bringe sie in eine sinnvolle Reihenfolge.
2. Stelle deinen Mitschülern deine festgelegte Abfolge vor.
3. Diskutiere in deiner Klasse die Antwort des alten Mannes. Notiere während des Gesprächs in Stichpunkten Äußerungen und Bewertungen deiner Mitschüler.
4. Schreibe ein Gespräch auf, das die Frauen untereinander und gemeinsam mit ihren Söhnen führen, nachdem der alte Mann fortgegangen ist.

Symbole-Domino (für vier Spieler) 1/2

Schneidet nur an den gestrichelten Linien.

START	Elster	Symbol der Geschwätzigkeit und Dieberei	Hund
Symbol für Treue und Wachsamkeit	Katze	Symbol für Weiblichkeit, Freiheit und Nacht	Sanduhr
Symbol für die Begrenztheit des irdischen Lebens	Taube	Symbol des Friedens	Zunge
Symbol der Sprache	Treppe	Symbol des Aufstiegs	Stiefmutter
Symbol der bösen Mutter	Stier	Symbol für Männlichkeit und Stärke	Stein
Symbol des Dauerhaften und Unvergänglichen	Schmetterling	Symbol der Wandlungsfähigkeit, Schönheit, aber auch Vergänglichkeit	Ring
Symbol der Unbegrenztheit	Riese	Symbol der Urnatur und Urwildheit	Papagei

Symbole-Domino (für vier Spieler) 2/2

Schneidet nur an den gestrichelten Linien.

Symbol des geistlos plappernden Redners	Blüte	Symbol des jungen Lebens	Eis
Symbol der Kälte und Unbarmherzigkeit	Waage	Symbol für Gerechtigkeit und Ausgeglichenheit	Schwarz
Symbol des Unbewussten, der Dunkelheit und der Trauer	Licht	Symbol der Göttlichkeit	Kette
Symbol der Gefangenschaft und Sklaverei	Flügel	Symbol der Leichtigkeit und der Nähe zum Himmel	Maske
Symbol für das Übernatürliche, Verwandlung und Schutz	Ei	Symbol für neues Leben und Entstehung der Welt	Donner
Symbol für Lautäußerung und Macht von „Oben“	Brücke	Symbol der Verbindung aber auch des Übergangs in eine neue Daseinsform	Axt
Symbol für Kampf und Arbeit	Anker	Symbol für Halt und Sicherheit	Ziel

Heaven: Wenn Jugendliche weglaufen 1/2

Jedes Jahr laufen von zu Hause viele Kinder weg, von denen glücklicherweise die meisten nach ein paar Tagen wieder den Weg zurück in die Familie finden. Die Mutter und der Vater sollten das Weglaufen dann nicht verdrängen, sondern Gründe dafür suchen und mit ihrem Kind reden.
In dem Buch „Heaven. Stadt der Feen" von Christoph Marzi entscheidet sich der Junge David zu dem Schritt, auszureißen.

1. Notiere Gründe, die deiner Meinung nach einen Jugendlichen dazu bewegen könnten, wegzulaufen.
2. Stelle deine Gründe einem Partner vor. Sammele anschließend Ideen, die helfen, einen Jugendlichen von dieser Entscheidung abzubringen.
3. Lies den Buchauszug aus „Heaven" auf der folgenden Seite.
   Zur Vorbereitung auf die nächsten Aufgaben unterstreiche beim Lesen
   - alle Stellen rot, die etwas zu Davids Persönlichkeit sagen.
   - alle Stellen blau, die Informationen zu seiner Familie geben.
   - alle Stellen grün, in denen du etwas über Davids Freunde erfährst.
4. Vergleiche nach dem Lesen deine Unterstreichungen mit einem Partner.
5. Tragt anschließend eure gemeinsamen Ergebnisse in Stichworten in eine Tabelle ein.
6. Sammle in der Tabelle gemeinsam mit deinem Partner mögliche Hilfsangebote für David.
7. Schreibe mit deinem Partner ein Gespräch zwischen Davids Schwester und dem Vater, in dem beide überlegen, was in Davids Leben bisher nicht gut lief und was in Zukunft passieren müsste, damit er glücklicher ist.

--> Tipp: Die Ideen vor dem Lesen und die Tabelle helfen beim Schreiben. Da ihr das Buch vielleicht nicht kennt, ist es erlaubt, eure eigenen Vermutungen zu ergänzen.

8. Trage mit deinem Partner euer Gespräch mit verteilten Rollen vor.
   Vergleicht euer Ergebnis mit denen der Mitschüler.
   Haben sie andere Gründe und Tipps gefunden?

Heaven: Wenn Jugendliche weglaufen 2/2

Christoph Marzi

„Heaven. Stadt der Feen"

David hatte in Cardiff gelebt, dort war er zur Schule gegangen. An seinem fünfzehnten Geburtstag hatte er sich aus dem Haus geschlichen und war allein ins Kino gegangen. Er hatte sich einen Film mit Michael York und Jenny Agutter angeschaut: Flucht ins dreiundzwanzigste Jahrhundert. Der Film hatte ihm die Augen geöffnet. Im Film ging es um Menschen, die Gefangene in einer perfekten Welt sind.

David hatte das Gefühl gehabt, als würde er zum ersten Mal einen Blick auf die wirkliche Welt werfen können. Die Menschen waren blind und selbstsüchtig. Dumm. Ignorant. Anschließend hatten überall Probleme gelauert, in der Schule, in den Straßen und natürlich zu Hause. Sicher wusste er, dass die Probleme schon vorher da gewesen waren, niemand hätte das übersehen können. Doch bis dahin hatte er versucht, sie einfach zu ignorieren, damit zu leben, wie sein Vater es tat und auch seine Schwester Geraldine.

Am Ende, als die Wände immer näher rückten, hatte er die meiste Zeit immer nur geschwiegen. Das war die Zeit, in der er ohne Unterlass Nick Cave and the Bad Seeds gehört hatte. Kaum jemand brachte ein Wort aus ihm heraus, nur kümmerliche Fragmente, Halbsätze. Selbst wenn er sich wie so oft mit seinem Vater stritt, brach er manchmal mitten im Satz ab und ließ ihn einfach stehen. Er war immer seltener mit den Jungs in seiner Clique zusammen, die ihm so ähnlich waren, die wie er Schwarz trugen, amerikanische Comics lasen und nichts auf Fußball gaben. Sie rauchten, was es so gab, klauten, um sich neuen Stoff zu besorgen, und lebten das Leben, das ihnen absolut egal war.

Dann kam die Nacht, als David sein Zeug in einen Seesack gepackt hatte. Er hatte nicht geplant, es war einfach etwas gewesen, was er hatte tun müssen. Er hatte keinen Abschiedsbrief geschrieben, nichts dergleichen. Nur seiner Schwester hatte er eine Nachricht hinterlassen: einen Zettel, auf den er einen Songtext der Band The Divine Comedy geschrieben hatte, versteckt im zerfledderten Booklet einer ihrer Lieblingsalben: Zooropa von U2.

Dann hatte er den Zug nach London genommen, ohne zu wissen, ob ihn das Leben dort weniger einengen würde.

(Christoph Marzi: Heaven. Stadt der Feen. Arena Verlag GmbH, Würzburg, 2009. S. 16f. Mit freundlicher Genehmigung vom Arena Verlag.)

Lesekettenspiel 1/2

Genaues Lesen, genaues Darstellen, genaues Beobachten und gutes Kombinieren – das ist beim Lesekettenspiel gefragt.
Kopieren Sie die Lesekarten auf Karton, und schneiden Sie sie aus.
Die Schüler erhalten dann die folgende Anleitung:

1. Jeder von euch erhält eine Karte. Sind mehr Karten als Schüler vorhanden, bekommen einige Schüler eine zweite. Es müssen auf jeden Fall alle Karten verteilt werden!
2. Nun dreht ihr die Karten gleichzeitig um und lest, was darauf steht.
3. Der Schüler mit der Karte „Start" beginnt und führt den Auftrag aus.
4. Wenn ihr das, was ihr bei der Handlung eines Mitschülers erkennt, auf eurer Karte stehen habt, seid ihr als Nächstes an der Reihe und erledigt euren Auftrag. So geht ihr vor, bis das Ende genannt wird.

START Kommentiere wie ein Fernsehmoderator ein spannendes Fußballspiel.	Jemand kommentiert ein Fußballspiel. Stehe auf, und laufe wie ein Fußballspieler durch den Klassenraum.	Ein Fußballspieler läuft durch den Klassenraum. Rufe laut „Tor", und wirf deine Arme in die Höhe.
Jemand freut sich über ein „Tor". Gehe zu einem Mitschüler und sage: „Ich wusste, dass wir die sportlichste Klasse der Schule sind."	Die Klasse wird gelobt. Gehe zur Lehrkraft, und gratuliere ihr zur Klasse.	Jemand gratuliert eurer Lehrkraft. Stelle dich vor die Tafel, und brülle wie ein Löwe.
Ein Löwe brüllt im Klassenraum. Verstecke dich unter einem Tisch, und zittere.	Jemand sitzt ängstlich unter einem Tisch. Bringe den „Löwen" zurück an den Platz, und rufe: „Ich bin Superman und komme zur Hilfe!"	Superman ist im Raum. Springe auf, und bitte ihn um ein Autogramm.
Jemand bittet um ein Autogramm. Gehe zur Tür, und rufe: „Ich bin Türsteher und lasse hier niemanden mehr herein."	Ein Türsteher versperrt die Tür. Öffne eine Schranktür, sage: „Dann nehme ich eben den Hintereingang."	Eine Schranktür wird geöffnet. Spiele mit zwei Stiften auf dem Tisch Schlagzeug.

Lesekettenspiel 2/2

Jemand spielt Schlagzeug. Hole den Türsteher, und tanze mit ihm.	Ein Paar tanzt. Schließe die Schranktür, und sage: „Hier zieht es, ich friere!"	Jemand friert. Lege eine Jacke um die Schultern der Person, und führe sie zurück an den Platz.
Jemand kümmert sich um einen Frierenden. Singe das Lied „Ein Freund, ein guter Freund …"	Jemand freut sich über einen Freund. Male an die Tafel ein Herz.	Du siehst ein Herz auf der Tafel. Schwärme laut von deinem Lieblingsstar.
Jemand schwärmt von einem Lieblingsstar. Klatsche in die Hände.	Jemand klatscht Applaus. Gehe an die Tafel, und schreibe den Namen des umschwärmten Stars in das Herz.	In das Herz an der Tafel wird geschrieben. Verabschiede dich von deinem Tischnachbarn, und sage: „Ich hole die Polizei."
Die Polizei wird geholt. Laufe mit einem lauten „Tatü Tata" durch den Klassenraum.	Die Polizei ist angekommen. Gehe zu dem Polizisten, und erzähle ihm einen Witz.	Ein Witz wird erzählt. Lache so herzhaft, dass du ohnmächtig wirst.
Jemand ist ohnmächtig geworden. Rufe: „Platz da, ich bin Arzt, ich werde dich retten." Bringe die Person zurück an den Platz.	Ein Arzt rettet einen Mitschüler. Schreibe an die Tafel: „Danke, lieber Retter!"	Es wird etwas an die Tafel geschrieben. Gehe rückwärts zur Tafel, drehe dich 2-mal im Kreis, und wische das Geschriebene weg.
Die Tafel wird gereinigt. Klopfe 6-mal auf den Tisch.	Es wird geklopft. Öffne die Tür, gehe hinaus, und komme wieder herein. Rufe: „Ruhe, jetzt. Ich bin der Direktor."	Der Direktor kommt. Sammle die Karten ein, und lege sie auf das Pult.

Ein Expertentreffen zu Cannabis 1/3

Neben Alkohol und Zigaretten ist Cannabis die am häufigsten konsumierte Droge Jugendlicher. Jeder vierte Jugendliche hat im Alter zwischen 12–25 Jahren die Droge schon einmal ausprobiert. Gerade Jugendliche nehmen regelmäßig Cannabis zu sich und können abhängig davon werden. Wer die Droge bis zum 25. Lebensjahr nicht zu sich genommen hat, wird dies mit großer Wahrscheinlichkeit in seinem Leben auch nicht mehr tun.

1. Was weißt du bereits über die Droge Cannabis?
   Sammle dein Wissen in einem Brainstorming.

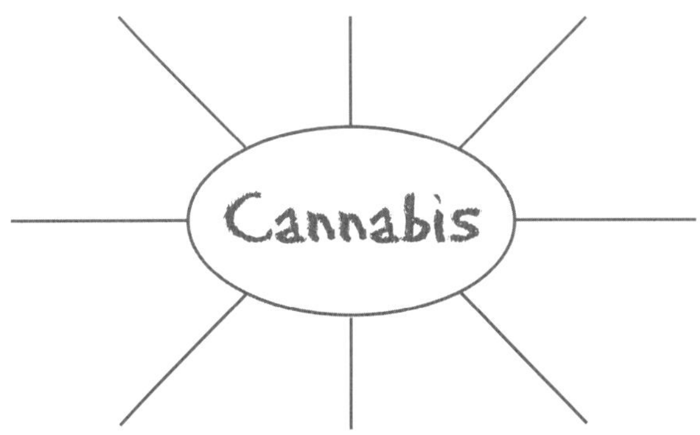

2. In der Klasse liegen vier Texte zur Droge Cannabis aus.
   Teilt euch in vier Gruppen auf. Jede Gruppe wählt einen Text.
3. Ihr seid Drogen-Experten und sollt die Informationen eures Textes später an die anderen Gruppen weitergeben.
   Unterstreicht deshalb beim Lesen Schlüsselwörter, die euch beim Vortrag vor den anderen Gruppen helfen.
4. Übt mit Hilfe der Schlüsselwörter den Vortrag in eurer Gruppe.
5. Findet euch nun in vier neuen Expertengruppen zusammen:
   In jeder neuen Gruppen befindet sich jeweils ein Schüler aus den vorherigen Gruppen.
6. Jeder Drogen-Experte trägt in seiner neuen Gruppe mit Hilfe der Schlüsselwörter sein Wissen über Cannabis vor.
   Kehrt danach wieder in eure Ausgangsgruppen zurück.
7. Berichtet in der Ursprungsgruppe über die Informationen, die ihr von den anderen erhalten habt. Sprecht anschließend darüber.

--> **Tipp:** Jede Gruppe stellt die Informationen zu Cannabis auf einem Plakat dar.
Diese können dann in der Schule ausgehängt werden.
Wie wäre es, auf jedem Plakat ein freies Feld zu lassen, in das andere Schüler zusätzliche (sachliche!) Informationen ergänzen können?

8. Jeder von euch ergänzt die neuen Informationen zu Cannabis mit einer anderen Farbe in seinem Brainstorming.

Gruppe 1

Die Hanfpflanze Cannabis

Das Hanfgewächs Cannabis wird schon seit Tausenden von Jahren als Nutzpflanze eingesetzt. Die Samen dienten als wohlschmeckende und gesunde Nahrung, die festen Fasern der Stängel wurden z.B. bei der Herstellung von Kleidung und Papier verwendet. Als Heilpflanze fanden die Cannabisgewächse vor allem bei Rheuma und Malaria ihren Einsatz. Die Bedeutung von Cannabis als Rauschmittel stieg erst im letzten Jahrhundert: Die getrockneten Blüten und Blätter (= Marihuana), das Harz aus den Blüten (Haschisch) oder Haschischöl sind die Formen, die als Droge konsumiert werden. Eine Form der Aufnahme ist das Rauchen von Joints oder von Wasserpfeifen, bei denen die Wirkung des Cannabis noch einmal erhöht wird. Beim Rauchen tritt die Wirkung meist sofort ein, weil der Cannabiswirkstoff gleich ins Blut übergeht. Nach einigen Stunden lässt die Wirkung wieder nach. Auch die Verwendung der Cannabisprodukte in Tees oder Keksen ist häufig. Allerdings ist der Beginn des Rausches nicht zu kalkulieren und kann sehr plötzlich und heftig einsetzen, je nachdem, wie viel Tee oder Kekse vorher verzehrt wurden.

Gruppe 2

Wirkungen von Cannabis

Cannabis kann sehr unterschiedlich wirken. Es ist abhängig davon, wie es konsumiert wird, in welcher Situation und mit welcher Grundstimmung. Jugendliche nehmen Cannabis vor allem zu sich, weil es die Stimmung erhöht, tolle Gefühle verursacht und gleichzeitig entspannt. Außerdem steigert Cannabis die Wahrnehmung für alle Sinneseindrücke. Nach dem Konsum spüren die Jugendlichen oft eine innere Fröhlichkeit, verbunden mit „Lachattacken" und dem Bedürfnis, mit anderen zu reden. Diese Wirkung ist vor allem für stille und unsichere Jugendliche eine angenehme Begleiterscheinung und kann dazu führen, dass sie häufiger zur Droge greifen.

Unangenehme Begleiterscheinungen des Cannabiskonsums sind Traurigkeit, Angst und Panikattacken mit Verfolgungsfantasien. Die Konsumenten können keine klaren Gedanken mehr fassen, vergessen kurz zuvor Geschehenes und können sich ihrer Umgebung nicht mehr mitteilen. Auch körperliche Symptome wie Übelkeit, Heißhungerattacken und Herzrasen treten als negative Folgen auf. Diese Begleiterscheinungen treten oft bei Menschen auf, die im Umgang mit der Droge noch unerfahren sind, können aber auch plötzlich bei langjährigen Konsumenten einsetzen.

Gruppe 3

Cannabis als Ursache für körperliche, psychische und soziale Veränderungen

Menschen, die regelmäßig Cannabis zu sich nehmen, können körperlich und psychisch von der Droge abhängig werden. Je früher regelmäßig Cannabis konsumiert wird, desto höher ist dabei die Gefahr einer Abhängigkeit. Außerdem spielt eine Rolle, in welcher psychischen Verfassung sich ein Cannabiskonsument befindet. Wenn psychische Probleme oder Vorerkrankungen vorliegen, können diese von Cannabis verstärkt werden. Insgesamt wird die Konzentrations- und Lernfähigkeit herabgesetzt. Die Entwicklung in der Pubertät kann sich zudem verzögern. Auch die Atemwege werden beim Rauchen von Joints und der Wasserpfeife erheblich belastet. Es können Atemwegsentzündungen und Krebs auftreten. Bei Menschen, die regelmäßig Cannabis zu sich nehmen, ist außerdem zu beobachten, dass ihnen soziale Kontakte egal werden und sie sich aus der Schule, dem Arbeitsleben, dem Freundeskreis und der Familie zurückziehen.

Typisch für eine Abhängigkeit sind erfolglose Versuche, den Cannabiskonsum zu vermindern oder zu stoppen.

Gruppe 4

Cannabissucht – Was kann ich tun?

Eine Voraussetzung für eine Behandlung gegen die Sucht ist es, dass die Betroffenen es auch selbst wollen. Oftmals sehen die Cannabissüchtigen jedoch das Problem einer Sucht gar nicht. Deshalb sollte das Problem sehr feinfühlig zur Sprache gebracht werden. In vielen größeren Orten gibt es für Betroffene und ihre Familie Suchtberatungsstellen. Die Adressen stehen z.B. im Internet. Aber auch wenn du als Freund eine Cannabissucht in deinem Umkreis entdeckst, kannst du dir Hilfe bei einer Suchtberatungsstelle holen. Dies ist sinnvoll, weil es nur schwer gelingt, einem süchtigen Menschen allein zu helfen. Oftmals geraten helfende Personen selbst in Verzweiflung, weil sie sich alleine und hilflos fühlen.

Wichtiger ist es, im eigenen Freundeskreis einer Sucht vorzubeugen. Wenn Menschen sich in einer Gemeinschaft anerkannt und wohl fühlen, greifen sie weniger zu Drogen. Am besten kann ein Freundeskreis einem Freund signalisieren, dass sein Cannabiskonsum nicht cool ist. Jeder ist in einer Gruppe Vorbild und kann so versuchen zu verhindern, dass Menschen mit Hilfe von Drogen ihr Selbstwertgefühl steigern wollen.

Ein Jahr im Ausland – Eine Talkshow durchführen 1/2

Viele Jugendliche führen während ihrer Schulzeit einen Schüleraustausch durch und gehen für mehrere Monate ins Ausland. Dies kostet Geld. Ebenso ist es möglich, nach dem Schulabschluss mit 18 ins Ausland zu gehen und dort zu arbeiten und zu reisen („work and travel"). Kannst du dir vorstellen, ein fremdes Land selbstständig zu besuchen?
Die 15-jährige Schülerin Caroline hat ihre Erlebnisse während eines einjährigen USA-Aufenthaltes in einem Blog festgehalten.

1. Lies die Auszüge aus dem Blog.
2. Markiere beim Lesen Beispiele, die für ein Austauschjahr sprechen, und in einer anderen Farbe Beispiele, die gegen ein Auslandsjahr verwendbar sind.
3. Manchmal kommentieren Leser von Blogs Textstellen. Diese Möglichkeit hast du auch: Notiere beim Lesen am Rand deine Gedanken und Gefühle in Stichpunkten, oder stelle sie mit passenden Symbolen dar. Findest du weitere Beispiele und Argumente, die für oder gegen einen Schüleraustausch sprechen? Schreibe sie auch dazu (oder auf die Rückseite).
4. Der Klassenraum wird zu einem Fernsehstudio: Führt eine Talkshow zum Thema „Wie sinnvoll ist ein Schüleraustausch?" durch:
   - Ein Schüler ist der Moderator und sorgt für eine angenehme Gesprächsatmosphäre.
   - Fünf Schüler vertreten die Ansicht, dass ein Schüleraustausch für Jugendliche sinnvoll ist.
   - Fünf Schüler vertreten die Ansicht, dass ein Schüleraustausch für Jugendliche nicht sinnvoll ist.
   - Alle anderen Schüler sind Zuschauer.
   - Nehmt eure im Text durchgeführten Markierungen und Notizen zur Hilfe.
5. Die Zuschauer formulieren nach der Talkshow, welche Beispiele und Argumente sie überzeugt haben.

Eine eindeutige Entscheidung zu fällen, ist nicht einfach, denn ...
Die Gesprächsatmosphäre war angenehm, weil der Moderator ...
Wir haben folgendes Argument noch nicht berücksichtigt: ...

Ein Jahr im Ausland – Eine Talkshow durchführen 2/2

Carolines USA-Tagebuch

12.08.11: Ich sitze allein im Flugzeug auf dem Weg nach Chicago. Auf dem Flughafen habe ich mich von meiner Familie verabschiedet. Ich habe jetzt schon Heimweh! Hoffentlich ist meine Entscheidung richtig!?

13.08.11: Ich bin mit anderen Austauschschülern in Chicago angekommen. Jetzt fühle ich mich nicht mehr so allein. Wir haben heute eine Stadtrundfahrt durchgeführt. Ich habe bestimmt 50 Fotos gemacht.

14.08.11: Nun bin ich in meiner Gastfamilie. Puh, die erste Stunde hatte ich ganz schön Schwierigkeiten, alle zu verstehen. Aber es ist erstaunlich, schon bald ging es viel besser. Die Familie ist sehr nett zu mir. Abends haben wir tatsächlich Burger gegessen.

18.08.11: Mein erster Tag in der Schule. Alle wollen mich kennenlernen und sind neugierig, etwas über Deutschland zu erfahren. Ich habe einige Pflichtfächer, die ich belegen muss, aber dann darf ich mir auch noch Kurse wählen. Ich habe „Speech" genommen, das gibt es nämlich nicht in Deutschland, und ich lerne dort, zu diskutieren. I miss my family!!!

01.09.11: In meiner Familie gab es heute Streit. Meine Gasteltern sind viel strenger als meine richtigen. Da bin ich froh, dass es bei uns in Deutschland freier zugeht. Leider habe ich über Facebook viel Kontakt zu meinen Freunden in Deutschland. Das ist eigentlich nicht gut, weil ich mich dann weniger in meine Gastfamilie integriere.

25.11.11: Heute ist Thanksgiving – es ist interessant zu sehen, wie hier gefeiert wird (Halloween habe ich auch schon mitgemacht!).

28.11.11: Wir schreiben gerade ganz viele Tests, weil ein Schuljahr in den USA aus drei „Terms" besteht, von denen der erste jetzt fast beendet ist. Ich habe ein Referat zur „Judenverfolgung in Deutschland" gehalten. Die Amerikaner haben manchmal ein ganz merkwürdiges Bild von uns Deutschen. Da ist es gut, wenn ich ihnen erzähle, dass nicht alle Nazis sind.

01.12.11: Ich habe meine Familie gewechselt, weil ich mich die ganze Zeit nicht wohl gefühlt habe. Meine Gastschwester war auch sehr traurig. Es war schwierig, all diese Probleme zu lösen, aber ich habe es hinbekommen!!

23.12.11: Wie wird wohl das erste Weihnachtsfest ohne meine Familie? Ich vermisse sie schon sehr. Zum Glück kann ich mit ihnen skypen.

10.11.12: Nun bin ich schon fast ein halbes Jahr hier. Manchmal ist es etwas langweilig, in dem Dorf immer nur abzuhängen. Aber ich lerne auf jeden Fall, gut Englisch zu sprechen!! Und in den nächsten Ferien will meine Gastfamilie mit mir nach New York fahren. Da freue ich mich schon drauf!!!

Umweltschutz in der Schule – Da machen wir mit! 1/3

Damit sich alle Menschen und Lebewesen auf der Erde wohl fühlen können, müssen wir auch alle dafür sorgen, dass unsere natürliche Umgebung auf der Erde erhalten bleibt. Jeder von uns kann seinen Teil dazu beitragen, die Umwelt zu schützen.

In den vier Texten auf den folgenden Seiten findet ihr Äußerungen von Schülern, die berichten, was an ihren Schulen passiert, um die Umwelt zu schützen.

1. Jeder liest für sich die Texte durch und unterstreicht beim Lesen Ideen, Vorschläge und Tipps, wie die Umwelt auch in der Schule geschützt werden kann.
2. Vergleicht eure Markierungen in einer Vierergruppe miteinander.
3. Findet gemeinsam für jede Äußerung eine Überschrift, die eure Markierungen zusammenfasst.
4. Einigt euch in der Klasse auf jeweils eine Überschrift, die den Text am treffensten wiedergibt.
5. Schreibt diese Überschriften jeweils in die Mitte eines quergelegten Din-A3-Blattes.
6. Notiert auf diesem Blatt weitere Ideen zum Schützen der Umwelt, die zur Überschrift passen und die ihr umsetzen könnt.
7. Anschließend wechselt jede Gruppe zum nächsten Überschriftenblatt und notiert dort erneut eigene Ideen passend zur Überschrift.
8. Wenn alle Gruppen alle Überschriftenblätter bearbeitet haben, stellt jede Gruppe ihr Blatt der Klasse vor.
9. Diskutiert eure Ideen, und sammelt auf einem Plakat die Vorschläge und Tipps, die ihr in der Schule und zu Hause umsetzen wollt.

Dieser Vorschlag ist nicht so einfach umsetzbar, weil …
Mir gefällt die Idee, dass wir …, weil …

Umweltschutz in der Schule – Da machen wir mit! 2/3

Überschrift: ______________________________

Ich finde, wir unternehmen schon eine ganze Menge in unserer Klasse, um die Umwelt zu schützen. Um Strom zu sparen, ist jede Woche ein anderer Schüler damit beauftragt, in den Pausen das Licht in unserem Klassenraum abzuschalten. Warum sollte es auch brennen, wenn niemand dort ist? Bisher hat es immer gut und ohne viel Aufwand geklappt. Ein Mitschüler hat eine Mehrfachsteckdose, die wir mit einem Schalter an- und ausschalten können, mitgebracht.
Daran haben wir unseren PC und den Drucker angeschlossen, sodass die Geräte nicht mehr auf „Standby" sind. Denn auch wenn nur eine kleine Lampe am Gerät leuchtet, verbraucht das schon Strom. Demnächst wollen wir noch unsere Schulleitung davon überzeugen, dass wir in unserer Klasse nur noch Energiesparlampen benutzen. Allerdings sind wir uns noch nicht ganz sicher, ob wir damit überhaupt Strom sparen. Deshalb wollen wir uns noch einmal genauer zu den Energiesparlampen informieren.

Lea, Klasse 8a

Überschrift: ______________________________

Wir haben mal im Matheunterricht ausgerechnet, dass wir für eine volle Badewanne ca. 120 Liter Wasser benötigen, wenn wir aber nicht allzu lange duschen, sind es nur 50 Liter. Wir haben zwar bei uns genügend Wasser, und es kommt ja auch über den Wasserkreislauf zu uns zurück. Jeder von uns versucht jetzt aber trotzdem zu Hause, auf ein Vollbad zu verzichten, weil zur Erwärmung und Reinigung des Wassers ja auch Energie benötigt wird. In unserem Schulgarten fangen wir deshalb das Regenwasser in einer großen Tonne auf und bewässern damit unsere Beete und Pflanzen.

Unser Hausmeister hat außerdem in die Wasserhähne der Schule Siebe eingesetzt, das spart auch noch einmal eine Menge.

Wenn verunreinigtes Wasser in den Boden, in Seen oder Flüsse gelangt, werden zudem die Tiere und Pflanzen, die darin leben, geschädigt. Wir haben uns deshalb dafür eingesetzt, dass auf dem Schulhof im Winter kein Salz mehr sondern Sand gestreut wird.

Eldin, Klasse 9c

Umweltschutz in der Schule – Da machen wir mit! 3/3

Überschrift: ______________________________

Ist ja klar, dass wir Abfälle vermeiden wollen. Denn in jedem Abfall steckt ein Rohstoff, den wir einfach wegwerfen. Da auf der Erde Rohstoffe nun einmal nur begrenzt vorliegen, wollen wir damit sorgsam umgehen. Außerdem wurde für jeden Stoff, den wir wegwerfen, Energie zur Herstellung verwendet.

Wir haben uns deshalb in der Klasse darauf geeinigt, dass für jeden Schüler vom Klassenkassengeld eine Brotdose gekauft wird. Nun muss niemand mehr sein Schulbrot in Alu- oder Klarsichtfolie packen. Super! Zusätzlich haben wir in der Klasse mehrere Mülleimer aufgestellt: Einer ist für Papiermüll, einer ist für wiederverwertbare Stoffe mit dem grünen Punkt, wie z.B. Plastik, in den dritten Mülleimer kommt der Restmüll. Der sortierte Müll wird dann vom Klassendienst in den großen Schulcontainern getrennt entsorgt. Unsere Klassensprecherin hatte auch noch die Idee, auf die Papierhandtuchspender den Hinweis zu kleben, dass für diese Tücher Bäume gefällt werden müssen. Seitdem ist der Verbrauch von Papierhandtüchern an unserer Schule um ein Drittel zurückgegangen.

Lukas, Klasse 7a

Überschrift: ______________________________

Mich hat es schon immer aufgeregt, dass einige Schüler sich immer von ihren Eltern direkt vor die Schule fahren lassen. Jedes Auto stößt doch Abgase aus, die zur Erwärmung der Erdoberfläche führen. Wir haben deshalb die Schüler überredet, dass wir gemeinsam mit dem Rad oder dem Bus fahren. Das ist erst einmal lustiger, weil wir uns unterhalten können, und vermindert die Abgase. Viele aus meiner Klasse machen das jetzt tatsächlich.

Ich habe neulich auch mal recherchiert, warum ich denn eigentlich Produkte kaufen soll, die aus meiner Umgebung kommen. In einem Referat habe ich dann meiner Klasse erklären können, dass z.B. Früchte aus anderen Ländern mit Flugzeugen, LKWs oder Schiffen zu uns gebracht werden müssen. Natürlich entstehen auf Grund der langen Wege mehr Abgase, als wenn ich das Obst kaufe, das aus meinem Bundesland kommt. Fast alle Schüler der Klasse versuchen deshalb jetzt, ihre Familie dazu anzuregen, Produkte aus der Region zu kaufen.

Nathalie, Klasse 7b

Gedichtpuzzle über die Liebe

Erich Fried (1921–1988) hat als jüdischer Schriftsteller viele politische Gedichte verfasst. Berühmt ist er aber auch auf Grund seiner zahlreichen Liebesgedichte.
Eines dieser Gedichte findest du, allerdings zerschnitten, auf diesem Arbeitsbogen. Werde auch zum Dichter, und füge das Gedicht nach deinem Empfinden und Wortgefühl neu zusammen.

Erich Fried

Was es ist

Es ist ______________________________
sagt die Vernunft
Es ist ______________________________
sagt die Liebe

Es ist ______________________________
sagt die Berechnung
Es ist ______________________________
sagt die Angst
Es ist ______________________________
sagt die Einsicht
Es ist ______________________________
sagt die Liebe

Es ist ______________________________
sagt der Stolz
Es ist ______________________________
sagt die Vorsicht
Es ist ______________________________
sagt die Erfahrung
Es ist ______________________________
sagt die Liebe

- aussichtslos
- leichtsinnig
- was es ist
- Lächerlich
- Unsinn
- was es ist
- unmöglich
- Unglück
- was es ist
- Schmerz

(Erich Fried: Was es ist. Aus: Erich Fried: Es ist was es ist.
© Verlag Klaus Wagenbach, Berlin 1983.)

1. Lies dazu die Gedichtzeilen.
2. Schreibe in die Lehrzeilen die Wörter, die dir passend erscheinen.
3. Vergleiche dein Liebesgedicht mit denen deiner Mitschüler.

„... ich liebe dich ..."

Im folgenden Telefonat „hört" ihr nur die Stimme des Jungen.
Das Gesprochene des Mädchens wird von euch passend ergänzt.

1. Suche dir einen Partner. Lest die vorhandenen Sätze genau: Welche Stimmung spürt ihr?

2. Schreibt den fehlenden Teil des Gespräches. Setzt dabei an den richtigen Stellen die Zeichen der wörtlichen Rede.

Junge: „Hallo! Hier spricht Timo. Hast du ein wenig Zeit zum Telefonieren?"

Mädchen: ______________________________

Junge: „Oh, das ist schade, aber ein wenig Zeit bleibt uns ja noch.
Wie geht es dir?"

Mädchen: ______________________________

Junge: „Das freut mich. Ich mag mich auch sehr gerne mit dir unterhalten."

Mädchen: ______________________________

Junge: „Stimmt. Ich muss sagen, ich vertraue dir eine ganze Menge an."

Mädchen: ______________________________

Junge: „Klar, ein Freund verrät keine Geheimnisse."

Mädchen: ______________________________

Junge: „Nun, ich rufe eigentlich auch an, weil ich dir ein Geheimnis sagen muss."

Mädchen: ______________________________

Junge: „So einfach ist das nicht. Es fällt mir sehr schwer, es auszusprechen!"

Mädchen: ______________________________

Junge: „Ich weiß nicht, ob du es ahnst oder herausfinden kannst."

Mädchen: ______________________________

Junge: „Nein, ganz im Gegenteil ... ich liebe dich ...!"

Mädchen: ______________________________

Junge: „Ja, mache ich sofort! Dann bis gleich!"

3. Präsentiert das Gespräch der Klasse.

4. Überlegt euch weitere Situationen, zu denen ihr Lückengespräche für eure Mitschüler vorbereiten könnt.

Texte schreiben

Ein Rondell: Das bin ich! 1/2

Jeder Mensch ist anders, denn jeder hat andere Stärken und Schwächen. Finde heraus, wer du bist, und schreibe über dich ein Gedicht.

1. Sammle in einem Brainstorming alle Eigenschaften, die dir zu dir selbst einfallen, und schreibe sie in den Spiegel.

2. Suche dir einen Partner, und lasse dich von ihm beschreiben.
3. Ergänze die von ihm genannten Eigenschaftswörter in deinem Brainstorming außerhalb des Spiegels.
4. Schreibe über dich auf den zweiten Arbeitsbogen ein Gedicht in Form eines Rondells.

Ein Rondell ist ein Gedicht aus acht Zeilen, wobei Zeile 1, 4 und 7 gleich sind und ebenso Zeile 2 und 8 übereinstimmen.

a) Schreibe einen Satz, der dir zu dir selbst einfällt. Dein Brainstorming hilft dir.

b) Fange mit dem Satz dein Rondell an, und schreibe diesen Satz auch in Zeile 4 und 7.

c) Lies die erste Zeile noch einmal durch. Was fällt dir dazu ein? Schreibe diese Einfälle in Zeile 2 und Zeile 8.

d) Jetzt ergänze – auch wieder durch viele Gedanken und Einfälle – die übrigen Zeilen (3, 5 und 6).

e) Finde eine Überschrift für dein Gedicht, und fertige eine kleine Zeichnung von dir an.

f) Lies das Gedicht eines Mitschülers der Klasse vor. Können deine Mitschüler erraten, um wen es sich handelt?

____

O 1 ______________________________

\+ 2 ______________________________

3 ______________________________

O 4 ______________________________

5 ______________________________

6 ______________________________

O 7 ______________________________

\+ 8 ______________________________

Die Brüder Löwenherz – Nangijala als Ort des Trostes 1/2

Beim Lesen gehen dir oftmals Gedanken zum Text durch den Kopf. Diese Gedanken kannst du für dich und deine Mitschüler sichtbar machen, indem du sie in Gedankenblasen, wie in einem Beispiel zu sehen, neben den Text schreibst. Deine Notizen können dir anschließend helfen, eine Fortsetzung der Geschichte zu schreiben.

1. Lies den Text.
2. Schreibe deine Gedanken und Gefühle zu Textstellen, die dir wichtig sind, die du nicht verstehst oder die du deinen Mitschülern mitteilen möchtest, an den Rand des Textes.

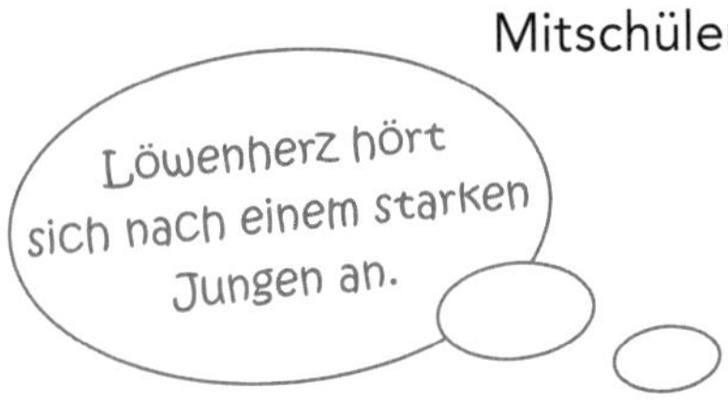

Astrid Lindgren

Die Brüder Löwenherz

Jetzt will ich von meinem Bruder erzählen. Von ihm, Jonathan Löwenherz, will ich erzählen. Es ist fast wie ein Märchen, finde ich, und ein klein wenig auch wie eine Gespenstergeschichte und doch ist alles wahr. Aber das weiß keiner außer mir und Jonathan.
Anfangs hieß Jonathan nicht Löwenherz.
Er hieß mit Nachnamen Löwe, genau wie Mama und ich. Jonathan Löwe hieß er. Ich heiße Karl Löwe und Mama Sigrid Löwe. Papa hieß Axel Löwe, doch als ich zwei Jahre alt war, ging er weg von uns und fuhr zur See und seitdem haben wir nichts mehr von ihm gehört. Aber ich wollte ja erzählen, wie es kam, dass mein Bruder Jonathan zu Jonathan Löwenherz wurde. Und all das Seltsame, was dann geschah.
Jonathan wusste, dass ich bald sterben würde. Ich glaube, alle wussten es, nur ich nicht. Sogar in der Schule wussten sie es, denn ich lag ja nur zu Hause, weil ich hustete und immer krank war. … Alle Frauen, für die Mama Kleider nähte, wussten es auch. Einmal redete eine mit ihr darüber und ich hörte es zufällig, ohne dass ich es wollte. Sie dachten, ich schlafe. Ich lag aber nur mit geschlossenen Augen da. Und das tat ich auch weiterhin, denn ich wollte mir nicht anmerken lassen, dass ich dieses Schreckliche gehört hatte – dass ich bald sterben würde.
Natürlich wurde ich traurig und bekam furchtbare Angst und das wollte ich Mama nicht zeigen. Aber als Jonathan nach Hause kam, erzählte ich es ihm.
„Weißt du, dass ich bald sterben muss?", fragte ich ihn und weinte. Jonathan dachte ein Weilchen nach.

Die Brüder Löwenherz – Nangijala als Ort des Trostes 2/2

Er antwortete mir wohl nicht gern, doch schließlich sagte er: „Ja, das weiß ich." Da weinte ich noch mehr. „Wie kann es nur so was Schreckliches geben?", fragte ich. „Wie kann es so was Schreckliches geben, dass manche sterben müssen, wenn sie noch nicht einmal zehn Jahre alt sind?" „Weißt du, Krümel, ich glaube nicht, dass es so schrecklich ist", sagte Jonathan. „Ich glaube, es wird herrlich für dich." „Herrlich?", sagte ich. „Tot in der Erde liegen, das soll herrlich sein?!" „Aber geh", sagte Jonathan. „Was da liegt, ist doch nur so etwas wie eine Schale von dir. Du selbst fliegst ganz woandershin." „Wohin denn?", fragte ich, denn ich konnte ihm nicht recht glauben. „Nach Nangijala", antwortete er.
Nach Nangijala – das sagte er so einfach, als wüsste das jeder Mensch. Aber ich habe noch nie etwas davon gehört.
„Nangijala", sagte ich, „wo liegt denn das?"
Da sagte Jonathan, das wisse er auch nicht so genau. Es liege irgendwo hinter den Sternen. Und er fing an von Nangijala zu erzählen, so dass man fast Lust bekam, auf der Stelle hinzufliegen …

(Astrid Lindgren: Die Brüder Löwenherz © Freidrich Oetinger Verlag, Hamburg 2012)

3. Vergleiche deine Gedankenblasen mit einem Partner. Gibt es Unterschiede oder Gemeinsamkeiten? Klärt Stellen im Text, die ihr euch allein nicht erklären konntet.

4. Faltet nun ein Din-A4-Blatt vertikal. Schreibt abwechselnd auf die linke Seite, welche Gedanken und Gefühle ihr zum Thema Tod habt. Eure Gedankenblasen helfen euch.

5. Auf die rechte Seite schreibt der jeweils andere Partner passend zu den Stichpunkten in der linken Spalte seine Wünsche dazu auf, wie das Leben in Nangijala sein könnte, „sodass man fast Lust bekommt, auf der Stelle hinzufliegen".

6. Jeder von euch schreibt nun mit Hilfe eurer Stichpunktsammlung und der Gedanken auf, was Jonathan Löwenherz seinem totkranken Bruder Krümel berichten könnte, damit Krümel sich nicht mehr vor dem Tod fürchten muss.

7. Lest euch in einer 4er-Gruppe die fertigen Beschreibungen von Nangijala vor. Jeder überarbeitet seinen Text mit Hilfe der Tipps aus der Gruppe.

Gute Wünsche für dich und mich 1/2

Es gibt immer wieder Momente, da wünschen sich Menschen gegenseitig etwas Gutes. Max Bolliger beschreibt dies in seinem Gedicht „Ich wünsche dir".

Max Bollinger

Ich wünsche dir

Ich wünsche dir Gutes und Schönes,
Zuckerwatte oder Himbeereis,
Kartoffel- oder Hirsebrei,
einen Spaziergang am Nil,
meinetwegen auch ein Krokodil.
Doch was für dich gut ist,
was für dich schön ist,
das kann dir keiner sagen,
das musst du dich selber fragen.

Schreibe für einen Mitschüler ein ähnliches Gedicht.

1. Suche nach guten Wünschen, die deinem Mitschüler gefallen könnten, und schreibe sie auf.
   Die Themenbereiche in der Ideenkiste helfen dir.

Ideen:

positive Adjektive • Lieblingsessen • Hobbys • gute Eigenschaften bei Mitmenschen • gemeinsame Unternehmungen • Lieblingsfarben • Naturereignisse • Familie • Schule • Tiere • Liebe

2. Suche zu deinen gesammelten Wünschen Reimwörter.
3. Ergänze mindestens fünf leere Zeilen auf dem folgenden Arbeitsblatt. Achte dabei auf das richtige Reimschema.
4. Frage dich nun selbst, welche guten Wünsche dir gefallen könnten, und schreibe sie auf.
5. Vergleiche das Gedicht deines Partners mit deinen eigenen Wünschen. Gibt es Übereinstimmungen oder Unterschiede? Sprich mit deiner Klasse über die Gedichte und eure Wünsche.

Ich wünsche dir

von

____

Ich wünsche dir

____

____

____

____

____

____

____

____

____

____

meinetwegen auch

____

Doch was für dich gut ist,
was für dich schön ist,
das kann dir keiner sagen,
das musst du dich selber fragen.

Vorbilder-Memory®

Auch Menschen, die wir gar nicht kennen, können für uns Vorbilder sein, weil sie ein Beispiel für etwas darstellen oder Verhaltensweisen aufzeigen, mit denen wir uns verbunden fühlen. In vielen Zeitschriften und Zeitungen gibt es zu diesen Menschen Bilder und Informationen.
Erstellt mit Hilfe dieser Fotos und Angaben zu den Personen in der Klasse ein Vorbilder-Memory®.

1. Bildet 4er-Gruppen.
2. Jeder wählt aus einer Zeitung, einer Zeitschrift oder dem Internet ein Foto einer Person aus.
3. Schneidet das Bild aus, und klebt es auf eine Memory®-Karte. Die Karten sollten etwas größer sein, damit ihr ausreichend Platz für Foto und Beschreibung habt.

--> **Tipp:** Achtet darauf, dass die Karten gleich groß und aus demselben Papier sind. Wenn möglich, könnt ihr DIN-A6-Karteikarten dazu austeilen.

4. Jeder beschreibt seine ausgeschnittene Person. Deine Mitschüler müssen ein Kartenpaar auch dann finden können, wenn sie die Person nicht kennen. Deshalb muss die Beschreibung zu dem Foto passen und so genau wie möglich sein. Einigt euch in der Gruppe auf Kriterien, die ihr bei der Beschreibung berücksichtigen wollt. Die Ideenkiste hilft euch.

Ideen:

- Lebensdaten (Alter, Tod, Lebenszeit)
- Beruf/Wirkungsfeld
- positive Charaktereigenschaften
- Vorbildfunktion
- Aussehen (Haare, Gesicht, Körperbau, Kleidung)
- typische Bewegungen

5. Entwickelt so viele Memory®-Paare wie möglich. Je mehr Paare ihr habt, desto mehr Spaß bringt das Spiel.
6. Zum Spielen sucht ihr euch eine andere Vierergruppe. Es spielen immer zwei Mitschüler zusammen.
7. Nun kann es mit dem Spielen losgehen. Welche Partner finden die meisten zusammengehörenden Memory®-Karten?

Die Beschreibung deines Vorbilds passte sehr gut zum Bild, weil ...
Wir haben als Paar sehr gut zusammengearbeitet, denn ...

In dem Buch „Wie überlebe ich meine durchgeknallten Eltern?" von Francine Oomen schreibt Rosa ihrem Freund Vincent eine E-Mail. Beim Schreiben verwendet Rosa Emoticons. Das bedeutet, sie verwendet einzelne Zeichen der Tastatur, die zusammengesetzt ein Gesicht ergeben, welches ein Gefühl darstellt.

1. Kennst du weitere Emoticons? Sammle sie gemeinsam mit einem Partner, und schreibe sie auf.

2. Lies die E-Mail von Rosa an ihren Freund Nose.
   Notiere beim Lesen Emoticons an den Rand, die zu der jeweiligen Stimmung der Textstellen passen.

Von:	Rosa van Dijk <rosa_vandijk@hotmail.com>
Gesendet:	Donnerstag, 13. Februar 17:33
An:	Vincent van Gelderen <nose@hotmail.com>
Betreff:	Neues aus Rosas Welt

Liebster Nose,
warum dauert es nur so schrecklich lange, bis wir uns wiedersehen! Unser letzter Kuss ist jetzt schon 68 Tage, 4 Stunden, 3 Minuten und 33 Sekunden her. Also eine Ewigkeit. Warum, oh, warum liegt Groningen nicht hier am Ende der Straße? Oder meinetwegen auch eine halbe Stunde mit dem Fahrrad entfernt? Warum habe ich keinen Hubschrauber? Warum ist Zugfahren nicht kostenlos? Warum können wir uns nicht hin- und herbeamen wie die bei Star Trek? Zum Glück hast du jetzt einen eigenen Computer, das macht mein Leid etwas erträglicher. He, Idee!
Wir könnten uns eine Webcam zulegen! Dann können wir uns zumindest verliebt in die Augen schauen und den Monitor abknutschen.
Und bis es so weit ist, mache ich mir aus einem deiner Fotos einen Bildschirmschoner. Ich habe leider kein Foto für dich. Wir haben keine Digitalkamera und meine Mutter will auch keine kaufen. Wir müssen sparsam sein, sagt sie. Sparsam sein ist so langweilig!
Ich habe echt tierische Geldprobleme. Ich kriege nur zwanzig Euro Taschengeld im Monat, das ist natürlich viel zu wenig, vor allem, wenn man verliebt ist. (…) Ich vermisse dich! Ich vermisse deine süßen Segelohren, die goldenen Pünktchen in deinen Augen, deine viel zu langen Zehen und alles, was dazwischen ist :-). Und dein Inneres nicht zu vergessen! Deine Lymphdrüsen, deine Bauchspeicheldrüse, deine Langerhans'schen Inseln. Und vor allem: dein gewaltiges, megabrilliantes Nosie-Hirn und dein wild klopfendes Herz :-).
Wenn das keine echte Liebe ist! (Nein, bloß eine durchgeknallte Rosa, die in Bio zufällig mal aufgepasst hat.)
(…)
XXXXXXXXXXXXXXXXXXXXXXX von deiner Rosie

4. Vergleiche deine Emoticons mit denen deines Partners. Gibt es Stellen, an denen ihr unterschiedlicher Meinung seid? Sprich mit deinem Partner darüber.

5. Schreibe nun eine Antwort-Mail von Nose an seine Freundin Rosa. Stelle darin die Stimmungen, die du beim Lesen mit deinen Emoticons markiert hast, dar.

Von: Vincent van Gelderen <nose@hotmail.com>
Gesendet: Donnerstag, 13. Februar 20:54
An: Rosa van Dijk <rosa_vandijk@hotmail.com>
Betreff: ...

---

6. Vergleiche deine Antwort-E-Mail mit denen deiner Mitschüler. Beschreibe Gemeinsamkeiten und Unterschiede.

Lexikon der Klassensprache

Es gibt Erwachsene, die sich selbst als „Grufti" bezeichnen, weil sie denken, dass sie mit dieser Sprache bei Jugendlichen gut ankommen. Manchmal merken sie aber gar nicht, dass sie mit diesen Wörtern albern wirken, weil Jugendliche diese gar nicht mehr benutzen. Es gibt nicht die Jugendsprache, die von allen Jugendlichen gleichermaßen benutzt wird. Aber vielleicht benutzt ihr in eurer Klasse Wörter, die Erwachsenen fremd sind. Schreibt deshalb ein Lexikon eurer Klassensprache.

1. Jeder schreibt zunächst für sich allein alle Wörter auf, die in dem Lexikon erscheinen könnten.
2. Bereitet sechs DIN-A3-Blätter vor, auf denen jeweils in der Mitte folgende Buchstaben des Alphabets stehen:

ABCD | EFGH | IJKL | MNOP | QRST | UVWXYZ

3. Legt die Blätter auf sechs Tischen aus.
4. Verteilt euch in gleich großen Gruppen an den Tischen.
5. Jeder schreibt seine Wörter, die mit den Buchstaben auf dem Blattbeginnen, auf. Überlegt euch in der Gruppe weitere Lexikonwörter.
6. Auf ein Zeichen der Lehrkraft wechseln die Gruppen im Uhrzeigersinn die Tische und wiederholen den Vorgang, bis jede Gruppe zu allen Buchstaben Lexikonwörter notiert hat und dann wieder an ihrem ersten Buchstabenblatt sitzt.
7. Nun ist jede Gruppe für die Lexikonseiten ihres Buchstabenblattes zuständig.
   a) Jeder Buchstabe erhält eine Lexikonseite. Teilt dazu ein DIN-A4-Blatt senkrecht in zwei Hälften.
   b) Notiert die Lexikonwörter alphabetisch auf den Lexikonseiten in die linken Spalten.
   c) Formuliert gemeinsam für jedes Wort eine „Übersetzung" oder Erklärung, und schreibt diese in die rechte Spalte neben das Lexikonwort.
8. Stellt der Klasse eure Wörter und Erklärungen vor, und bindet die Seiten zu einem Buch zusammen.

Das Lexikonspiel

Bei dem Lexikonspiel kommt es darauf an, einen Lexikonartikel so zu formulieren, dass die Mitschüler ihn für einen originalen Artikel halten.

1. Damit euch das Schreiben eines Artikels gelingt, lest euch den folgenden Eintrag durch, und notiert am Rand Kriterien, die typisch für einen Lexikonartikel sind.

> **Abduktion** ...zion; lat.-nlat.; *„das Wegführen" die; -, -en: das Bewegen von Körperteilen von der Körperachse weg (z.B. Heben des Armes), das Spreizen der Finger u. Zehen (Med.); Ggs.* ↑ Adduktion.

(© 2010 Bibliographisches Institut/Sauerländer, Mannheim.)

2. Jetzt kann es mit dem Spielen losgehen.
   Ihr braucht dazu ein Lexikon, Stifte und Papier.
   a) Bildet Gruppen mit mindestens vier, aber höchstens sechs Schülern.
   b) Ein Spielleiter der Gruppe wählt einen Begriff aus dem Lexikon aus, den die anderen Mitspieler nicht kennen (ehrlich sein!).
   c) Alle anderen Spieler denken sich in Einzelarbeit zu diesem Begriff eine Definition aus und schreiben diese auf einen Zettel.

--> **Tipp:** Es kommt nicht nur auf die richtige Definition an, sondern auch darauf, wie sehr eure Erklärung einem Lexikonartikel ähnelt und wie kreativ ihr mit Sprache umgeht.

   d) Der Spielleiter sammelt alle Definitionen ein und liest sie der Reihe nach vor.
   e) Jeder Mitschüler teilt mit, welche Definition er für die richtige hält. Der Autor dieser Definition erhält einen Punkt. Außerdem gibt es für jede richtige Definition einen weiteren Punkt.
   f) In der nächsten Runde wechselt der Spielleiter, und das Spiel beginnt von Neuem.

Einen Liebesbrief schreiben

Einen Liebesbrief zu schreiben,
ist gar nicht so einfach.
Wie es (auf lustige Weise) geht,
könnt ihr heute in der Gruppe üben.
Ihr braucht dazu nur Zeitungen
und Kreativität.

1. Bildet 4er-Gruppen.
2. Legt die Namen des Schreibers und des Empfängers des Liebesbriefes fest.

--> Tipp: Es können Personen sein, die ihr kennt, denkbar wäre aber auch ein Liebesbrief zwischen Prominenten, Tieren, Märchen- oder Buchgestalten.

3. Stellt nun den Liebesbrief her.
   Dafür gibt es zwei Bedingungen:
   - Der Brief darf nur aus Zeitungswörtern bestehen.
   - Mit dem Brief darf niemand verletzt, gekränkt oder bloßgestellt werden.
4. Jeder von euch schneidet Wörter, Sätze und auch Bilder aus, die in einen Liebesbrief passen.
5. Legt alle eure Zeitungsschnipsel auf den Tisch, und schiebt sie so lange hin und her, bis ein Liebesbrief entstanden ist, den jeder von euch gerne bekommen möchte.
6. Klebt den fertigen Brief auf, und stellt ihn der Klasse vor.

Über euren Liebesbrief würde ich mich freuen, weil ...
Als ich euren Brief hörte, fühlte ich ...
Der Satz ... hat mich überrascht, weil ...

Ein Bild – Viele Geschichten 1/2

Ein Bild kann zum Schreiben vieler unterschiedlicher Texte anregen.

1. Wähle dir eine in der Klasse ausliegende Schreibaufgabe zu dem Bild aus.
2. Sammle zunächst Stichwörter, die dir zu dem Bild einfallen.

____

____

____

____

____

____

   Diese Sammlung kann dir beim Schreiben behilflich sein.

3. Schreibe einen passenden Text zum Bild und zu deinem ausgewählten Schreibauftrag.
4. Lies dir deinen Text anschließend noch einmal halblaut vor, und überprüfe aufmerksam, ob für deine Mitschüler alles verständlich ist.
5. Wenn du möchtest, lies der Klasse deinen Text vor.

Mir gefällt deine Idee, dass das Mädchen ...
Dein Schluss ist überraschend, weil ...
Es ist toll, dass du häufig die wörtliche Rede benutzt hast, denn ...
Ich habe nicht verstanden, ...

Ein Bild – Viele Geschichten 2/2

Kopieren Sie die Karten, und legen Sie sie in der Klasse aus.

Schreibidee 1

Das Mädchen hat sich in die Jünglingsstatue verliebt und küsst sie. Der steinerne Junge verwandelt sich in einen Menschen.

Schreibe das Gespräch auf, das die beiden anschließend führen.

Schreibidee 2

Das Mädchen hat einen Jungen geküsst. Plötzlich erstarrt dieser zu Stein.

Schreibe einen Zeitungsartikel, der von dieser Sensation berichtet.

Schreibidee 3

Das Mädchen will die Statue mit einem Kuss in einen Menschen verwandeln. Dies klappt nicht, und das Mädchen versucht es mit Zaubersprüchen.

Schreibe passende Zaubersprüche für das Mädchen auf. Je mehr Ideen du hast, desto eher klappt es sicherlich mit der Verwandlung.

Schreibidee 4

Das Mädchen geht durch ein Museum. Sie sieht die Jünglingsstatue und möchte sie küssen. Plötzlich hört sie die Gedanken der Statue.

Schreibe die Gedanken des steinernen Jungen auf.

Schreibidee 5

Das Mädchen hat sich in die Statue verliebt und möchte den steinernen Jungen jeden Tag wiedersehen.

Schreibe möglichst viele gute Sprüche und Ausreden für das Mädchen auf, die es ihren Eltern sagen kann, damit diese bei den häufigen Besuchen nicht misstrauisch werden.

Schreibidee 6

Das Mädchen denkt am Abend über die Begegnung mit der Statue und dem Kuss zwischen ihnen nach.

Schreibe einen Tagebucheintrag, in dem das Mädchen den Jungen beschreibt und von ihm schwärmt.

Eine Annonce schreiben

Johann Wolfgang von Goethe

Annonce

Ein Hündchen wird gesucht, das weder murrt noch beißt,
Zerbrochene Gläser frisst
und Diamanten …

Goethe hat dieses kurze Gedicht geschrieben auf der Suche nach einem Hund, der Diamanten … ja, was reimt sich eigentlich dazu auf das Wort „beißt"?

1. Du hast die Möglichkeit eine ähnliche Annonce zu schreiben auf der Suche nach einem Tier, einer Person oder einem Gegenstand. Schreibe deinen Suchbegriff für die Annonce auf:

2. Notiere Adjektive und Verben, die dich an deinem Gegenstand oder Lebewesen stören.

3. Notiere Wünsche, die dir dein gesuchter Gegenstand oder dein Lebewesen erfüllen soll.

--> **Tipp:** Goethe hat es vorgemacht – es können auch lustige oder freche Wünsche sein.

4. Schreibe nun mit Hilfe deiner erarbeiteten Bausteine eine ähnliche Annonce wie Goethe. Vielleicht schaffst du es sogar, wie der Dichter die Annonce zu reimen?
5. Hänge dein Ergebnis an die Tafel. Sieh dir die Annoncen deiner Mitschüler an, und schreibe darunter deine Vermutung, von welchem Mitschüler sie verfasst wurde.
6. Sprecht über die Annoncen. Welcher Text gefällt euch am besten?

Darstellendes Spiel

Stegreifspiel mit Stimmungskärtchen 1/3

Eine Situation bekommt manchmal eine ganz andere Wendung, wenn sich die Gefühlslage einer Person (unerwartet) verändert. Spielt in der Klasse vorgegebene Situationen aus dem Stegreif nach. Das bedeutet, dass ihr diese Situationen nicht vorher übt. Während des Spiels entscheidet ihr spontan, was ihr sagt.

Trotzdem könnt ihr euch auf dieses Stehgreifspiel vorbereiten:

1. Bildet Vierergruppen. Jeder von euch denkt in Einzelarbeit über kürzlich erlebte Gesprächssituationen nach und notiert in einem Brainstorming Adjektive für Stimmungen, die in den Situationen zu spüren waren.
2. Stellt euch die Adjektive in der Gruppe vor.
3. Einigt euch auf mindestens zwölf Adjektive, und schreibt diese einzeln auf kleine Karten.
4. Die erste Vierergruppe zieht nun eine Situationskarte und beginnt das Spielen der darauf beschriebenen Situation.
5. Alle anderen Gruppen beobachten die Spieler und die Situation:
   - Wissen die Spieler nicht mehr weiter?
   - Verhält sich ein Spieler nicht angemessen?
   - Befindet sich ein Spieler in einer Situation, aus der er alleine nicht mehr herauskommt?
   - Wünscht ihr euch eine Veränderung des Spielablaufs?
6. Alle Gruppen können der Reihe nach mit ihren Adjektivkarten in den Spielverlauf eingreifen. Sie wählen dazu eine passende Adjektivkarte aus ihrer Sammlung und geben sie einem Spieler. Dieser muss nun die auf der Karte genannte Stimmung im weiteren Spiel einsetzen.
7. Sprecht nach dem Spiel über eure Wahrnehmungen. Die Reflexionsstreifen an der Tafel helfen euch dabei.

Stegreifspiel mit Stimmungskärtchen 2/3

Kopieren Sie die Karten, und legen Sie sie in der Klasse aus.

Situationskarte 1

Personen:
Mutter, Vater, Sohn, Nachbar

Situation:
Der Nachbar bittet die Eltern um ein Gespräch, weil er deren Sohn beim Äpfelstehlen in seinem Garten erwischt hat.

Situationskarte 2

Personen/Tier:
Hund, Hundebesitzer, feiner Herr, Passant

Situation:
Der Hund pinkelt einem an einer Bushaltestelle wartenden feinen Herrn ans Hosenbein. Ein Passant und der Hundebesitzer beobachten die Situation.

Situationskarte 3

Personen:
Mutter, Vater, Tochter, älterer Bruder

Situation:
Die Tochter möchte ihre Eltern davon überzeugen, dass sie am Wochenende auf eine Party darf. Der ältere Bruder ergänzt das Gespräch mit seinen Kommentaren.

Situationskarte 4

Personen:
Schüler, Schülerin, Klassensprecherin, Lehrer

Situation:
Eine Schülerin beschwert sich bei dem Lehrer, weil ihre Mitschülerin immer im Unterricht singt.
Die Klassensprecherin wurde zur Teilnahme am Gespräch gebeten.

Situationskarte 5

Personen:
zwei Jungen, zwei Mädchen

Situation:
Die vier Jugendlichen möchten etwas unternehmen, jeder von ihnen vertritt jedoch unterschiedliche Wünsche zur Freizeitgestaltung.

Situationskarte 6

Personen:
Mutter, pubertierender Sohn, kleines Geschwisterkind, Verkäuferin

Situation:
Der Sohn soll eine neue Hose erhalten, doch leider steht die Mutter auf altmodische Modelle, deshalb dauert der Einkauf sehr lange, und das Kleinkind wird ungeduldig.

Stegreifspiel mit Stimmungskärtchen 3/3

Vergrößern Sie die Reflexionskarten auf Din A3, schneiden Sie sie aus, und hängen Sie sie am Ende des Spiels an die Tafel.

Wie hat die Stimmungskarte den Spielablauf verändert?
Wie haben die Spieler auf die Stimmungsveränderung reagiert?
Welchen Vorteil/Nachteil hatte die Stimmungsveränderung?
Wie haben sich die Mitspieler nach der Stimmungsveränderung gefühlt?
Begründet die Auswahl eurer weitergegebenen Stimmungskarten.

So spreche ich jemanden an – Top oder Flop!?

Vielleicht kennt ihr diese Situation:
Es gefällt euch jemand, und ihr wisst nicht, wie ihr die Person ansprechen könnt, um es ihr zu sagen. In der Klasse kennt und vertraut ihr euch und könnt das Ansprechen deshalb üben, ohne dass ihr euch dabei unwohl fühlen müsst.
Sammelt in der Klasse Ideen und Sätze, um jemanden kennen zu lernen. Bewertet diese anschließend gemeinsam.

1. Bildet Vierergruppen. Jeder schreibt zunächst für sich die Sätze und Handlungen auf, die ihm in einer Kennlernsituation gar nicht gefallen und ihn nicht überzeugen würden.
2. Stellt euch diese Beispiele im Uhrzeigersinn in der Gruppe vor.
3. Findet zu jedem Beispiel eine Gegenlösung, wie es besser laufen könnte:
   a) Spielt dazu zu zweit ein nicht gelungenes Beispiel in einer kurzen Szene nach.
   b) Die anderen zwei Mitschüler sind Beobachter und rufen „Stopp", wenn sie eine Idee haben, welcher Satz oder welche Handlung in der Situation hilfreicher ist.
   c) Die Spieler versuchen, diese Lösung im Spiel umzusetzen.
4. Schreibt anschließend eure Lösungsvorschläge einzeln auf Karten.
5. Bewertet eure Ideen in der Klasse:
   a) Zeichnet dazu vor die Tafel mit Kreide eine ca. 5 m lange Linie, oder legt einen entsprechend langen Faden auf den Boden.
   b) An dem einen Ende steht ein Plus, an dem anderen Ende steht ein Minus.
   c) Die Gruppen präsentieren nacheinander ihre Lösungsvorschläge. Nach jeder Idee stellen sich die Mitschüler an der Linie auf. Finden sie die Idee gut, um jemanden kennen zu lernen, stellen sie sich an der Linie eher bei dem Plus auf. Wenn ihnen die Idee gar nicht gefällt, stehen sie auf der Linie bei Minus.
   d) Diskutiert jeweils über das Linienergebnis.

Der Regentag-Rap 1/3

Die Musik des Hip-Hop ist geprägt vom Sprechgesang, dem Rap.
Ihr könnt aber nicht nur Liedtexte rappen, sondern auch Gedichte.
Probiert es mit dem Gedicht „Regentag" von Peter Maiwald aus.

1. Bildet Vierergruppen. Lest euch gemeinsam das Gedicht durch.
2. Entscheidet in der Gruppe, ob jeder Mitschüler immer einen Vers einer Strophe rappt oder eine gesamte Strophe.
3. Besprecht in der Gruppe, welche Stimmungen und Gefühle ihr passend zum Gedicht in eurem Rap ausdrücken möchtet. Schreibt eure Ergebnisse neben jede Zeile.
4. Entscheidet, was für eine gerappte Fassung des Gedichtes ihr produzieren möchtet. In der Ideenkiste findet ihr Beispiele und Anregungen.

Ideen:

- im Rhythmus sprechen
- ein Intro (Einleitung) und/oder ein Outro (Ausleitung) benutzen
- wichtige Wörter im Chor sprechen
- wichtige Zeilen immer wieder dazwischen schieben
- wichtige Wörter lauter sprechen
- von der Gruppe ausgedachte Zeilen einschieben
- Beatboxen (d.h. Klänge mit Mund, Nase und Rachen bilden)
- Geräusche integrieren

5. Schreibt ein Storyboard (einen Ablaufplan) für den Gedichtrap. Das Arbeitsblatt „Storyboard" (S. 70) dient euch als Hilfe.
6. Übt nun den Vortrag des Regentag-Raps.

--> **Tipp:** Schreibt in das Storyboard Tipps zum Vortrag eurer Mitschüler.

7. Stellt den Rap der Klasse vor, und vergleicht die unterschiedlichen Rapfassungen des Gedichtes.

Mir hat es am meisten Spaß gebracht, ...
Bei eurem Regentag-Rap spüre ich besonders folgendes Gefühl: ...
Folgende Geräusche, die ihr bei eurem Rap eingesetzt habt, passen sehr gut zum Regengedicht: ...

Der Regentag-Rap 2/3

Peter Maiwald

Regentag	Gefühl/Stimmung
Paul steht am Fenster.	
Paul steht und glotzt.	
Der Regen regnet.	
Der Regen rotzt.	
Der Regen nieselt.	
Der Regen rinnt.	
Der Regen pieselt.	
Der Regen spinnt.	
Der Regen prasselt.	
Der Regen fällt.	
Der Regen rasselt.	
Der Regen hält.	
Paul steht am Fenster.	
Paul steht und glotzt.	
Der Regen regnet.	
Der Regen rotzt.	

(Peter Maiwald: Regentag. Aus: Hans Joachim Gelberg (Hrsg.): Großer Ozean.
© 1986 Beltz & Gelberg in der Verlagsgruppe Beltz, Weinheim/Basel.)

Der Regentag-Rap 3/3

Storyboard

Zeile	Sprecher	Stimmung	Hintergrund	Tipps zur Überarbeitung

Zeitungspantomime

Überschriften aus Zeitungen und Zeitschriften bieten eine Menge außergewöhnliche Nomen, die ihr in einem Spiel pantomimisch, also nur mit dem Körper und dem Gesichtsausdruck, darstellen könnt.

1. Jeder von euch schneidet aus einer Zeitung oder Zeitschrift passende Nomen für das Spiel aus und klebt sie einzeln auf feste Pappe.
2. Sammelt die Nomen in einem Behälter.
3. Bildet in der Klasse zwei Mannschaften.
4. Ein Mitschüler einer Mannschaft stellt sich vor die Klasse und zieht eine Nomenkarte aus eurer Sammlung.
5. Dieser Mitschüler stellt dieses Nomen pantomimisch dar. Die Ideenkiste gibt dafür Anregungen.

Ideen:

- Welche Gefühle verbindest du mit dem Nomen? Finde einen entsprechenden Gesichtsausdruck.
- Kannst du etwas mit dem Nomen durchführen? Stelle es mit deinem Körper dar.
- Beschreibe mit deinem Körper Orte, an denen sich das Nomen befindet.
- In welchem Zusammenhang oder Fachbereich kommt das Nomen vor? Auch dies kannst du mit deinem Körper darstellen.
- Stelle bei einem zusammengesetzten Nomen die einzelnen Nomen nacheinander dar.

6. Errät ein Mitschüler einer Mannschaft das Nomen, erhält die Gruppe einen Punkt.
7. Nun ist ein Schüler der zweiten Mannschaft mit dem Darstellen eines Nomens an der Reihe. Wechselt euch so lange ab, bis alle Nomen dargestellt wurden und die Siegermannschaft feststeht.

--> Tipp: Wie wäre es, wenn ihr das Spiel noch einmal mit Verben aus Überschriften wiederholt? Noch schwieriger ist es, vollständige Überschriften darzustellen. Als Hilfe könntet ihr die Überschriften ausschneiden und für alle sichtbar an die Tafel hängen.

Verwandlungen 1/2

Die Raupe verwandelt sich in einen Schmetterling; diese Umwandlung ist von der Natur vorgegeben. Der Zauberer im Zirkus hat es da schon besser, er kann bestimmen, in was er Tiere und Menschen verwandelt.
Heute seid ihr die Zauberer: Ihr könnt bestimmen, in was ihr euch verwandeln wollt.

1. Findet euch mit einem Partner zusammen.
2. Jeder von euch überlegt zunächst in Einzelarbeit eine Verwandlung, die er gerne vornehmen möchte, und notiert diese.
   Ausliegende Ideenkarten können euch Anregungen geben.
3. Stellt euch die Ergebnisse gegenseitig vor.
4. Entscheidet euch für eine Verwandlung, die ihr der Klasse pantomimisch vorspielen möchtet.
5. Tragt dazu den Beginn der Verwandlung in die erste Reihe der Tabelle und das Verwandlungsziel in die letzte Reihe.

Start der Verwandlung	
1. Schritt der Verwandlung	
2. Schritt der Verwandlung	
3. Schritt der Verwandlung	
Ziel der Verwandlung	

6. Damit eure Mitschüler Zeit haben, sich auf die Verwandlung einzulassen, ist es hilfreich, den Verwandlungsprozess langsam und in Schritten darzustellen. Tragt dazu eure Ideen zur Darstellung schrittweise in die Tabelle ein.
7. Übt die Verwandlung, und gebt euch anschließend gegenseitig Anregungen bei der Darstellung des Verwandlungsprozesses.
8. Spielt der Klasse die Verwandlung vor. Können die Mitschüler erraten, welchen Verwandlungsprozess ihr sichtbar machen wolltet?

Hat jemand einen Tipp, wie wir unser Ziel der Verwandlung noch deutlicher darstellen können?
Eure Verwandlung konnte ich gut an folgendem Gesichtsausdruck erkennen: ...

Verwandlungen 2/2

Kopieren Sie die Ideenkarten auf Karton, schneiden Sie sie aus, und legen Sie sie in der Klasse aus.

gefangener Mensch ↑↓ freier Mensch	einsam ↑↓ in einer Gemeinschaft
Rockstar ↑↓ Geigenvirtuose	rücksichtslos ↑↓ rücksichtsvoll
jung und energiegeladen ↑↓ alt und müde	feiger Mann ↑↓ mutiger Ritter
faul ↑↓ arbeitsam	aggressiv ↑↓ liebevoll
verschlossen ↑↓ offen	gelangweilter Schüler ↑↓ am Unterricht interessierter Schüler
hässliches Entlein ↑↓ schöner Schwan	lebenslustig ↑↓ lebensmüde
Tag ↑↓ Nacht	fröhliches Kind ↑↓ trauerndes Kind
Tier ↑↓ Mensch	schneller Läufer ↑↓ lahmer Mann

Ausgrenzung? – Da spielen wir nicht mit! 1/2

Jeden Tag fühlen sich mehrere zehntausend Jugendliche von ihren Mitschülern ausgegrenzt und schlecht behandelt.
Wie sich die Opfer fühlen und was Mitschüler tun können, damit eine Gemeinschaft entsteht und sich niemand ausgegrenzt fühlt, könnt ihr beim Nachspielen von Situationen erfahren.

1. Schließe die Augen, und stelle dir eine Situation der letzten Tage vor, in der du oder jemand anderes ausgegrenzt wurde.
2. Notiere in Stichpunkten Wörter, Gefühle und Gedanken, die dir zu der Situation einfallen.
3. Bilde mit weiteren Mitschülern eine Vierergruppe.
4. Tauscht euch in der Gruppe über eure Stichwörter aus.
5. Plant das Nachspielen einer Situation, in der ein Mensch von anderen ausgegrenzt und verletzt wird. Entwickelt aus euren Erfahrungen heraus eine Situation oder wählt eine ausliegende Situationskarte.
   a) Teilt die Rollen innerhalb der Gruppe auf.
   b) Besprecht kurz einen Ablauf der Spielszene.

--> **Tipp:** Eure notierten Gedanken und Gefühle helfen jedem von euch, sich in die Rolle einzufühlen.

6. Spielt nun die Situation der Klasse vor: Sobald ein Zuschauer oder ein spielender Schüler den Verlauf der Situation nicht mehr ertragen kann, ruft er „Stopp". Die Gruppe „friert" die Situation ein, d.h. jeder bleibt in der aktuellen Haltung stehen.

   Überlegt gemeinsam, wie die Situation zum Positiven verändert werden kann:
   - Was wünscht sich das Opfer?
   - Welche Tipps und Ideen haben die Mitläufer und Zuschauer?
   - Wie fühlt sich der Täter?
7. Beendet das Spiel, und berücksichtigt dabei die genannten Tipps, Gefühle und Ideen.

Ausgrenzung? – Da spielen wir nicht mit! 2/2

Kopieren Sie die Situationskarten auf Karton, und legen Sie sie in der Klasse aus.

Situationskarte 1

Tom ist ein sehr stiller Schüler. Er spielt nicht gerne Fußball. Die Jungen seiner Klasse rennen jedoch jede Pause auf dem Schulhof einem Ball hinterher. Tom steht deshalb oft allein auf dem Hof. Manchmal macht er etwas mit den Mädchen. Dann ärgern ihn seine Mitschüler.

Situationskarte 2

Sören sitzt neben Oskar, der ihn immer wieder ohne Grund boxt oder ihm einen Schlag auf den Hinterkopf gibt. In der großen Pause nimmt Oskar ihm die Sporttasche weg und spielt damit mit den anderen Jungs der Klasse Fußball. Als Sören seine Tasche wiederholen will, wird er von den Mitschülern geschubst und geschlagen.

Situationskarte 3

Lisa steht jede Pause mit ihren Freundinnen auf dem Schulhof und albert mit ihnen herum. In einer Pause laufen die anderen Mädchen plötzlich weg, tuscheln und schauen dabei immer wieder zu ihr. Lisa will zu ihnen gehen, da hört sie nur von ihrer Freundin Sarah: „Hau ab, mit dir will niemand etwas zu tun haben."

Situationskarte 4

Aylin hat in der Mathearbeit eine Eins und freut sich. Jan spuckt ihr auf das Arbeitsheft. Als Aylin ihn bittet, die Spucke zu entfernen, schubst er sie gegen die Wand. Der Lehrer sieht den Vorfall und sagt Aylin, dass sie selbst Schuld habe, weil sie so mit ihrer Arbeit geprahlt hat.

Das kann ich gut – Das könnt ihr von mir lernen

Du kannst etwas besonders gut, z.B. eine Minute lang einen Kopfstand durchzuführen? Gib deinen Mitschülern die Möglichkeit, von dir zu lernen: Beschreibe ihnen, wie sie vorgehen müssen, um es dir gleich zu tun.

1. Überlege dir eine Situation, in der du schon einmal von deinen Mitmenschen für eine außergewöhnliche Tat gelobt wurdest oder in der du selbst sehr stolz auf dich warst. Es sollte etwas sein, das du auch in der Klasse durchführen kannst.

2. Schreibe diese Handlung als Überschrift auf.

   Das könnt ihr von mir lernen:

   ____

3. Notiere in Stichworten die einzelnen Schritte, in denen deine Mitschüler die Handlung von dir lernen können. Notiere jeden Schritt auf einer neuen Karte. Diese Karten helfen dir anschließend beim Vorstellen der Vorgehensweise vor der Klasse. Die Ideenkiste gibt dir Anregungen, worauf du beim Beschreiben achten kannst.

Ideen:

- Achte auf die richtige Reihenfolge.
- Verwende treffende Adjektive und Verben.
- Betone Wichtiges, überlege dir dazu passende Bewegungen.

4. Beschreibe am Ende das Ergebnis deiner vorgestellten Vorgehensweise.

5. Deine Klasse kann jetzt von dir lernen: Ein Mitschüler stellt sich dafür freiwillig zur Verfügung. Er führt die einzelnen Schritte durch, die du mit Hilfe deiner vorbereiteten Stichpunktkarten vorstellst.

--> Tipp: Lobe den Mitschüler, wenn er dir gut zugehört hat und deine Anweisungen richtig umsetzt. Gib Hilfestellungen, wenn die Durchführung der Handlung nicht so gut klappt.

Hat dein Mitschüler alle Schritte zu deiner Zufriedenheit ausgeführt und am Ende die Handlungen richtig ausgeführt? – Dann ist dir deine Beschreibung gut gelungen.

Unterstützung aus der Zukunft

Wahrscheinlich hat es jeder schon einmal erlebt: Wenn ihr mit anderen Menschen zusammen seid, gibt es Situationen, in denen ihr euch nicht wohl fühlt. Heute habt ihr die Möglichkeit, euch in solchen Situationen Unterstützung aus der Zukunft zu holen.

1. Teilt die Schüler eurer Klasse in fünf Gruppen auf.
2. Entscheidet euch in eurer Gruppe für eine unangenehme Situation aus der Schule.

--> **Tipp:** Diese Situation kann ausgedacht, erlebt oder von euch selbst beobachtet sein.

3. Spielt diese Situation in der Gruppe nach.
   a) Verteilt die Rollen, und überlegt ungefähr, was passieren soll. Startet dann das Spiel.
   b) Sobald sich ein Spieler in der Situation nicht mehr wohl fühlt, nennt er euer vorher verabredetes Codewort:

   ____

   c) Ein Spieler eurer Gruppe erscheint nun als Retter aus der Zukunft.

--> **Tipp:** Stattet diesen Spieler mit Requisiten aus, oder lasst ihn so sprechen, dass deutlich wird, dass er aus einer anderen Zeit kommt. Die Ideenkiste hilft euch dabei.

Ideen:

- zwei Stifte als Fühler ins Haar stecken
- Tafelgeodreieck auf den Rücken binden
- Brille verkehrt herum aufsetzen
- Verpackungen am Körper befestigen (z.B. Alufolie um die Finger wickeln)
- Jacke falsch herum anziehen
- Robotersprache verwenden
- Sätze mit Inhalten aus dem Science-fiction-Bereich füllen

   Dieser Spieler greift in die Situation ein: Er erzählt von seinen Erfahrungen aus der Zukunft und gibt Tipps, wie die Situation zu einem guten Ende gelangen kann.

   d) Die anderen Spieler greifen diese Tipps auf und bringen die Situation zu einem guten Ende.

4. Spielt die Situation euren Mitschülern vor.

Hilfe, mein Computer denkt?!

Du fährst den Computer hoch und tippst etwas ein – plötzlich kommentiert der Rechner alles, was du schreibst. Kann der Computer denken? Ist das Fortschritt oder dein Alptraum? Spiele diese Situation mit einem Partner nach.

1. Notiert in Partnerarbeit alle Situationen, in denen ihr einen Computer benutzt. Die Ideenkiste gibt euch Anregungen.

Ideen:

- Stichworteingabe zur Internetrecherche
- Computerspiele
- Texte schreiben z.B. für ein Bioreferat
- Chatten
- Downloaden
- Bestellungen aufgeben

2. Entscheidet euch für eine Computeranwendung.
3. Legt mit Hilfe eines Storyboards in Stichworten fest, wie das Gespräch zwischen Computernutzer und Computer stattfinden könnte.
   Legt dazu eine Tabelle an.

Storyboard

Sprecher	Stimmung	Das wird gesagt:
Computernutzer		
Computer		
Computernutzer		

Die Tipps aus der Ideenkiste helfen euch beim Schreiben und Spielen.

Ideen:

- Der Computernutzer sagt beim Anschalten des Computers das Ziel der Computernutzung.
- Der Computernutzer spricht beim Tippen laut die Wörter und Sätze, die er eingibt.
- Der Computer reagiert mit unterschiedlichen Stimmungen auf die eingetippten Wörter und Sätze (z.B. traurig, belustigt, ironisch, böse, witzig, nicht verstehend, streng, …)
- Der Computernutzer nennt laut seine Gedanken, nachdem der Computer mit ihm gesprochen hat.

4. Spielt der Klasse euer geplantes Erlebnis mit dem sprechenden Computer vor. Sprecht anschließend über eure Wahrnehmungen und Gedanken.

Zusatzmaterialien

Welche Meinung hast du?

In Büchern, Zeitungen, im Fernsehen, im Internet oder im Radio und auch in der Klasse werden Themen angesprochen, zu denen es unterschiedliche Ansichten gibt. Es ist interessant, zu erfahren, welche Meinung du und deine Mitschüler zu unterschiedlichen Themen haben.

1. Notiere auf jeweils einer Karte ein Thema, zu dem du in der letzten Zeit etwas gehört oder gelesen hast. Dies kann aus Fernseh- oder Radiosendungen, dem Internet oder aus dem Unterricht sein. Hefte deine Karte an die Tafel.

--> **Tipp:** Die Themen aus dem Ideenkasten können dir hilfreich sein.

Ideen:

- Mädchen können besser lesen als Jungen.
- Ich kann allein nichts zum Schutz der Umwelt unternehmen.
- Lehrer sollten auch ein Zeugnis bekommen.
- Schuluniformen fördern das Schulklima.

2. Wähle dir ein Thema von den Karten an der Tafel aus. Schreibe zwei Behauptungen dazu auf je einen Zettel. Diese Meinungskarten werden in einem Topf gesammelt.

3. In einem zweiten Topf werden Zettel mit den Namen der Schüler gesammelt.

4. Nun geht es mit der Meinungsumfrage los: Ein Namenszettel und ein Meinungszettel werden gezogen. Diese Person muss die eigene Meinung zu der gezogenen Behauptung vor der Klasse vortragen und in einem Satz begründen.

--> **Tipp:** Die Satzanfänge in der Ideenkiste helfen dir, deine Meinung vorzutragen.

Ideen:

- „Ich bin der Meinung, dass …“
- „Meiner Ansicht nach …“
- „Ich vertrete den Standpunkt, dass …“
- „Ich bin der Überzeugung, dass …“
- „Ein Beispiel für meine Meinung ist …“

5. Wenn du deine Meinung der Klasse vorgetragen hast, darfst du die nächsten beiden Zettel ziehen.

6. Wenn alle Schüler ihre Meinung geäußert haben, könnt ihr in der Klasse zu einem der Themen diskutieren.

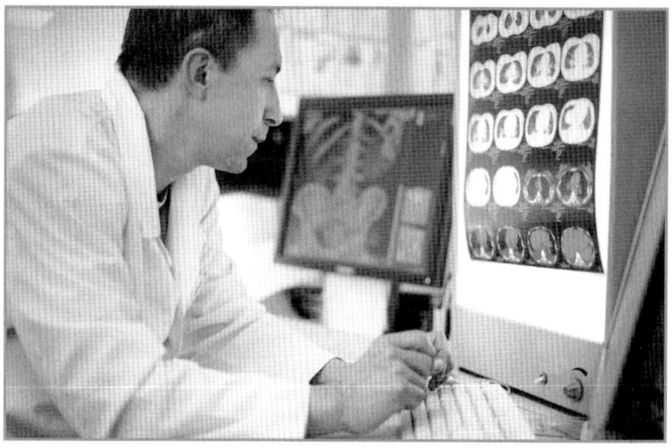

Ihr denkt vielleicht schon über Berufe nach, die ihr später einmal ausüben möchtet. Oder einige von euch wissen bereits, welche Tätigkeit sie anstreben. Wenn ihr euch darüber informiert, ist es hilfreich, Fachbegriffe zu den einzelnen Berufen zu kennen und zu verwenden.

1. In der Klasse liegen Berufskarten aus.
   Jeder von euch wählt eine Karte.

2. Es gibt drei Möglichkeiten, mit diesen Karten zu arbeiten. Damit mehrere Schüler nacheinander die Karten benutzen können, schreibt ihr den Text der Karten nach dem Lesen in euer Heft. Die Lösungsvorschläge notiert ihr dann ebenfalls dort:
   - Ihr lest euch die Begriffe durch und schreibt auf, um welchen Beruf es sich handelt.
   - Ihr lest euch die Begriffe durch und streicht nach dem Abschreiben in eurem Heft den Begriff, der nicht zu dem Beruf passt.
   - Ihr findet zu dem Beruf einen weiteren passenden Begriff und schreibt ihn ins Heft.

--> **Tipp:** Ihr findet euren Lieblingsberuf nicht auf den Karten? Entwickelt selbst nach den vorliegenden Musterkarten weitere Karten für eure Mitschüler.

3. Stellt euch in der Klasse gegenseitig eure Lösungen vor, und begründet dabei eure Entscheidungen.

Zukünftige Berufe – Was gehört eigentlich dazu? 2/4

Kopieren Sie die Ideenkarten auf Karton, schneiden Sie sie aus, und legen Sie sie in der Klasse aus.

______________ Passagierflugzeug-steuerung Krankentransport Flugnavigation Sprech- und Flugfunk	Anwalt/Anwältin Gesetz rechtliche Beratungen juristische Streitfälle Vertragsgestaltung ______________	Psychologe/Psychologin Problembewältigung psychische Störungen Herzoperationen Verhaltensanalyse Beratungsstelle
KFZ-Mechatroniker/-in KFZ-Wartung KFZ-Elektronik Autolackierung Reifendienst Unfallinstandsetzung	______________ Kundenberatung Warenverkauf Abrechnung Kassieren Warenannahme	Friseur/-in Haarefärben Ganzkörpermassage Typberatung Haareschneiden Haarpflegeartikelverkauf
Tiermedizinische(r) Fachangestellte(r) Assistenz bei Tierbehandlungen Beratung von Tierbesitzern Praxisorganisation Tieroperationen Tierkrankheiten	______________ Metallkonstruktionen Blechbearbeitung Montage Schmieden Schweißen	Fremdsprachen-korrespondent/-in Dolmetschen Außenhandel Büroarbeiten Korrekturlesen ______________

Zukünftige Berufe – Was gehört eigentlich dazu? 3/4

Kopieren Sie die Ideenkarten auf Karton, schneiden Sie sie aus, und legen Sie sie in der Klasse aus.

Lehrer/-in Erziehung Elterngespräche Bildung Unterrichtsmethoden	__________ Körper- und Schönheitspflege Hautdiagnose Verkauf Gesichtsmassage Hautreinigung	Elektroniker/-in Gebäudetechnik Energieverteilung Geräteentwicklung Wartung Elektroleitungsbau Kundenberatung
__________ Wach- und Streifendienst Verkehrsregelung Verkehrspädagogik Streitschlichtung	__________ Innenanstrich Gebäudeinstandhaltung Raumgestaltung Spachteln Tapezieren	Hotelfachmann/-frau Bedienung Lagerhaltung Hotelempfang Massage Zimmerdienst
Krankenpfleger/ -schwester Blutentnahme Pflege Patientenbetreuung Hygiene Diagnoseassistenz	Bürokommunikations- kaufmann/-frau Sekretariatsaufgaben Wirtschaft Büroorganisation Terminplanung __________	Kommunikations- designer/-in Werbung Verpackungsdesign Layout Computer __________

Zukünftige Berufe – Was gehört eigentlich dazu? 4/4

Kopieren Sie die Ideenkarten auf Karton, schneiden Sie sie aus, und legen Sie sie in der Klasse aus.

__________ Kamera Porträtfotografie Presse Bildbearbeitung Fotobildtechnik	Tischler/-in Innenausbau Holzmöbelbau Holzschutz Maschinenbedienung __________	Informatiker/-in Hard- und Softwareentwicklung Programmierung Zeitung Kundenberatung Forschung
Theologe Glaubenslehre Gemeindearbeit Gottesdienst Religionsgeschichte __________	Veranstaltungs-kaufmann/-frau Kundenberatung Kalkulation Schauspieltalent Öffentlichkeitsarbeit Veranstaltungsplanung	__________ physikalische Gesetzmäßigkeiten unbelebte Natur Messverfahren Lehrtätigkeit Experiment
__________ __________ __________ __________ __________ __________	__________ __________ __________ __________ __________ __________	__________ __________ __________ __________ __________ __________

Vom Freundschafts-ABC zur Geschichte der Freundschaft

Goethe und Schiller, Van Gogh und Paul Gauguin, Winnetou und Old Shatterhand, Biene Maja und Willi – Freundschaften wurden und werden überall auf der Welt und zwischen vielen Menschen geschlossen. Vielleicht habt ihr schon einen Freund gefunden, vielleicht seid ihr aber auch noch auf der Suche? Bestimmt habt ihr aber eine Vorstellung davon, welche Eigenschaften ein Freund haben sollte und was eine Freundschaft ausmacht.

1. Notiert in Einzelarbeit eure Einfälle zum Thema Freundschaft in einem Brainstorming.
2. Erstellt gemeinsam in der Klasse an der Tafel ein Freundschafts-ABC. Schreibt dazu das gesamte Alphabet an die Tafel, und findet mit Hilfe der Wörter aus eurem Brainstorming zu jedem Buchstaben ein Wort.
3. Jetzt geht es an das Erfinden eurer Freundschaftsgeschichte:
   a) Der erste Schüler beginnt eine Freundschaftsgeschichte und verwendet dabei das Wort mit A aus eurem Freundschafts-ABC.
   b) Nun ist der nächste Schüler an der Reihe und setzt die Geschichte fort. Dabei muss euer Wort mit B in der Fortsetzung eingebunden werden.
   c) Erzählt eure Geschichte so lange weiter, bis alle Buchstabenwörter der Reihe nach benutzt wurden und alle Schüler ihren Teil zu der Geschichte beigetragen haben.
4. Tauscht euch in der Klasse über eure Wahrnehmungen beim Erzählen aus.

Es war für mich schwierig, das Wort ... in der Geschichte unterzubringen, weil ...
Beim Erzählen habe ich gemerkt, dass wir eine unterschiedliche Vorstellung von Freundschaft haben, weil ...
Es ist dir gut gelungen, das Wort mit dem Buchstaben einzufügen, denn...
Du hast mit deiner Fortsetzung eine Wende in die Freundschaftsgeschichte gebracht, denn ...

Das sprechende Bild 1/2

Ein Maler, der ein Bild malt, möchte uns etwas mitteilen. An der Schöpfung dieser Mitteilung nehmen wir als Betrachter teil: Jeder Betrachter sieht ein anderes Bild, weil wir unterschiedliche Gefühle und Gedanken beim Betrachten haben und unsere Fantasie vielleicht Dinge in einem Bild sieht, die ein anderer Mensch gar nicht erkennt.
Das hört sich kompliziert an? Probiere es in der Klasse aus, und mache deine Gedanken und Gefühle zu dem Bild „Der Morgenstern" des spanischen Malers Joan Miró (1893–1983) sichtbar.

1. Schneide das Bild aus, und klebe es in die Mitte eines Din-A3-Blattes.
2. Schneide ebenfalls die Sprech- und Gedankenblasen aus.
3. Betrachte nun das Bild in Ruhe (vielleicht habt ihr in der Klasse eine CD mit ruhiger Musik, die ihr beim Betrachten hören könnt?).
4. Trage in die Tabelle deine Gedanken und Gefühlen ein.

	Meine Gedanken und Gefühle
Was siehst du Passendes auf dem Bild zum Titel „Morgenstern"?	
Welche Gegenstände und Figuren entdeckst du auf dem Bild?	
Was verbindest du mit dem Wort „Morgen"?	
Vielleicht kann euer Lehrer das Bild aus dem Internet in Farbe ausdrucken. Was verbindest du mit den Farben?	

5. Schreibe in die ausgeschnittenen Gedankenblasen deine Gedanken und Gefühle zu einzelnen Teilen des Bildes und in die Sprechblasen, was die Gegenstände, Figuren und Personen sagen könnten.
6. Klebe deine Gedanken- und Sprechblasen an die passende Stelle auf das Bild.
7. Vergleiche dein sprechendes Bild mit denen deiner Mitschüler.

© Verlag an der Ruhr | Autorin: Ulrike Rohr | ISBN 978-3-8346-2268-6 | www.verlagruhr.de

Das sprechende Bild 2/2

Ich bin ein Fan von …

Sicherlich gibt es Personen, Gegenstände, Charaktereigenschaften usw. in deinem Leben, die eine Bedeutung für dich haben und die du sehr gerne magst. Gründe einen Fanclub, und suche Menschen, die in diesem Club Mitglied sein möchten.

1. Die folgenden Oberbegriffe dienen dir als Anregung, zu welchen Bereichen du einen Fanclub gründen magst.

Gefühle | Hobbys | Berufe | Nahrungsmittel

Charaktereigenschaften | Werte | Tiere | Personen

Gegenstände | Naturerscheinungen

2. Falte ein Din-A4-Blatt, sodass acht Felder entstehen. Notiere in jedes Feld einen Fanclub, den du gründen möchtest.
3. Gehe in der Klasse umher, und zeige jeweils einem Mitschüler deine Fanclubideen.
4. Stimmt der Mitschüler deinem Fanclub zu und möchte dort Mitglied sein, erhältst du in dem Feld eine Unterschrift.
5. Versuche, möglichst viele Mitschüler anzusprechen, damit am Ende ganz deutlich ist, welchen Fanclub du gründen könntest.
6. Werte deine Ergebnisse aus, und stelle sie der Klasse vor.

Fanclub zu ________________	

Eine Collage über mich 1/2

Aussagen über dich selbst können niemals allgemeingültig sein, weil du dich entwickelst und an vielen Tagen unterschiedliche Stimmungen und Gefühle hast. Gestalte deshalb eine Collage über dich, die zu deiner heutigen Stimmung passt und dich so widerspiegelt, wie du heute bist.

1. Notiere in einem Brainstorming deine heutigen Stimmungen und Gefühle in dem Bilderrahmen.

2. Suche gemeinsam mit einem Partner Eigenschaften, die euch gegenseitig beschreiben. Ergänze deine Eigenschaften, indem du sie neben dem Rahmen einträgst.
3. Versuche, deine Eigenschaften und Gefühle in Bildern, Farben und Worten in einer Collage darzustellen.

--> **Tipp:** Um Ideen zu sammeln, helfen dir die Collagekarten, die in der Klasse ausliegen.

4. Finde ein Namen für dein Werk, und schreibe ihn dazu.
5. Hänge deine Collage an die Tafel. Sieh dir die Collagen deiner Mitschüler an. Stelle Vermutungen darüber an, zu welchen Mitschülern die einzelnen Collagen passen.

Eine Collage über mich 2/2

Kopieren Sie die Karten mehrfach, schneiden Sie sie aus, und legen Sie sie in der Klasse aus.

Diese Farben verbinde ich mit mir und meinen gesammelten Wörtern:	Diese Tiere, Pflanzen, Fantasiegestalten und Gegenstände verbinde ich mit mir und meinen gesammelten Wörtern:
Diese Bilder verbinde ich mit mir und meinen gesammelten Wörtern:	Diese Symbole verbinde ich mit mir und meinen gesammelten Wörtern:
Dieses Wetter verbinde ich mit mir und meinen gesammelten Wörtern:	Diese Sinneseindrücke verbinde ich mit mir und meinen gesammelten Wörtern:

Die Wunschmaschine

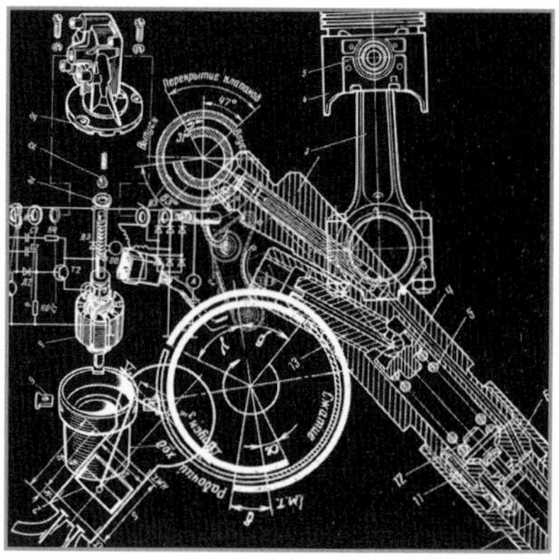

Ob es sie jemals gibt, die Maschine, die unsere Wünsche erfüllen kann?
Ihr seid heute die Forscher und entwickelt eine Skizze zum Bau dieser Maschine.

1. Notiert in einem Brainstorming in Partnerarbeit Bezeichnungen für die Bestandteile, die ihr in eine Wunschmaschine einbauen könnt.

--> Tipp: Geräte im Klassenraum, euer Physikbuch oder ein Techniklexikon können euch Anregungen bieten.

2. Beschafft euch für die Skizze ein Din-A3-Blatt, und legt es quer vor euch.
3. Malt zunächst das große Gehäuse eurer Wunschmaschine.
4. Zeichnet dann abwechselnd eure Gegenstände aus dem Brainstorming in die Maschine.

--> Tipp: Achtet darauf, dass die Gegenstände miteinander verbunden werden, um einen reibungslosen Ablauf der Wunscherfüllung zu gewährleisten.

5. Beschriftet die einzelnen Gegenstände eurer Skizze.
6. Notiert am Ausgang der Maschine den Wunsch, den ihr erfüllt haben möchtet.
7. Findet Zutaten, die ihr am Anfang in die Maschine geben müsst, damit daraus der erfüllte Wunsch entstehen kann.

--> Tipp: Wünscht ihr euch z.B. gute Noten, dann wären die Zutaten vielleicht Fleiß, gute Lehrer, Ausdauer, freundliche Mitschüler …

8. Beschreibt euren Mitschülern den Aufbau und die Funktion eurer Wunschmaschine.

--> Tipp: Eure Skizze kann zur Erklärung und Anschauung dienen.

War die vorherige Sport- oder Mathestunde anstrengend, hast du gerade eine Arbeit geschrieben, oder gab es Streit auf dem Schulhof? Manchmal ist es gut, einfach mal abzuschalten. Eine Fantasiereise kann dich entspannen und schöne Bilder im Kopf entstehen lassen.

1. Setze dich für die Reise entspannt auf deinen Stuhl:
   - Deine beiden Füße berühren den Boden.
   - Deine Arme hängen locker nach unten, die Schultern sind entspannt.
   - Neige deinen Kopf vorsichtig nach vorn, und schließe die Augen.

--> Tipp: Wenn du nicht an der Fantasiereise teilnehmen möchtest, verhalte dich trotzdem leise, und störe deine Mitschüler nicht bei ihrer Entspannung.

2. Deine Lehrkraft beginnt mit dem Vorlesen, und du begibst dich mit Bildern im Kopf auf die Reise. Wichtig ist, dass du dabei immer wieder genügend Zeit hast, während der nicht gesprochen wird und du deiner Fantasie folgen kannst.

--> Tipp: Vielleicht kann dazu im Klassenraum eine leise Entspannungsmusik abgespielt werden.

3. Überlege dir nach Beendigung der Reise, ob du deiner Klasse von deinen Gedanken und Bildern im Kopf erzählen möchtest:
   - Hast du etwas Besonderes gesehen oder gedacht?
   - Sind deine Gedanken in eine bestimmte Richtung gewandert?
   - Hast du dich wohl gefühlt oder an einigen Stellen vielleicht sogar unwohl?

4. Male ein Bild, das dir von deiner Fantasiereise am meisten im Kopf geblieben ist.

--> Tipp: Du kannst auch Wörter oder Fragen an dich oder an deine Mitschüler auf das Blatt schreiben.

Fantasiereise

Atme ganz gleichmäßig und ruhig …
Bei jedem Ausatmen entspannst du dich und wirst ganz schwer.
Deine Füße tragen dich und verbinden dich mit der Erde …
Du atmest ganz ruhig – immer ein und wieder aus …

Du stehst an einem Meer … die Sonne scheint auf dich … du spürst ihre Wärme auf deiner Haut … der Himmel ist in einem hellen Blau gefärbt … unter dir ist der warme, weiche Sand, und deine Füße versinken darin … langsam bewegst du dich auf das Wasser zu … leichte Wellen umspielen deine Füße und Beine … die warmen Wellen kommt ganz sanft und gehen wieder zurück … bei jedem Einatmen kommt die Welle, bei jedem Ausatmen geht sie wieder zurück … vor und zurück, einatmen und ausatmen … das Meer bringt einen angenehmen Wind, der deine Haare bewegt und deinen Körper umzieht … du schmeckst die salzige Meerluft und genießt das Rauschen des Meeres …

Ein gläsernes Unterwasserboot nährt sich lautlos dem Strand … du steigst vorsichtig ein und legst dich auf den Boden des Bootes … langsam setzt sich das Boot in Bewegung … es schaukelt dich auf den Wellen … du spürst, wie du von den Wellen getragen wirst … du fühlst dich sicher … das Boot sinkt ins Meer … um dich herum siehst du das klare Wasser und die Sonnenstrahlen, die alles sichtbar machen … du siehst einen Schwarm kleiner, bunter Fische, die sich geschmeidig im Wasser bewegen wie zu lautloser Musik … ihre Schuppen glänzen in allen Farben … hellgrüne Wasserpflanzen bewegen sich leicht im Rhythmus der Wellen … schaue weiter um dich … siehst du noch andere Dinge und Lebewesen? … möchtest du etwas tun? … du hast viel Zeit … spüre das Leben unter Wasser …
Langsam setzt sich das Boot wieder in Bewegung … es taucht auf und bringt dich sicher zurück an den Strand … du setzt erst den einen, dann den anderen Fuß in den Sand … du hast während deiner Reise viel Kraft geschöpft … spüre sie in dir …

Kehre zurück …
Spanne deine Muskeln an … spüre deine Muskeln …
Balle deine Hände zu Fäusten … strecke dich …
Gähne … öffne langsam die Augen …
Jetzt bist du wieder zurück.

Ein Gedicht läuft durch die Klasse 1/2

Ein Gedicht läuft durch die Klasse? So geht's!

1. Bittet eure Lehrkraft, das Gedicht der folgenden Seite zu kopieren und in einzelne Streifen zu schneiden.
2. Jeder Schüler erhält eine Zeile des Gedichts.

--> Tipp: Sind mehr Schüler als Zeilen in der Klasse, erhalten einige Schülerpaare eine Zeile zusammen. Sind weniger Schüler als Zeilen in der Klasse, erhalten einige Schüler zwei Zeilen.

3. Jeder von euch lernt seine Zeile auswendig.
4. Ziel ist es, dass am Ende alle Schüler mit ihren Zeilen im Klassenraum so aufgestellt sind, dass ihr hintereinander das vollständige Gedicht aufsagen könnt.
   a) Geht durch die Klasse, und sprecht eure Zeile laut vor euch hin.
   b) Versucht, einen Mitschüler zu finden, dessen Zeile vor oder nach eurer eigenen stehen könnte.

--> Tipp: Achtet auf die Zahlen in einigen Zeilen. Sie bestimmen den Aufbau des Gedichtes. Das Gedicht enthält einen Paarreim, das heißt, dass sich die letzten Wörter von zwei aufeinander folgenden Zeilen reimen.

   c) Sucht nach Mitschülern mit weiteren passenden Zeilen, und holt sie in eure Gruppe.
   d) Stellt euch in der richtigen Reihenfolge der Zeilen des Gedichtes in der Klasse auf.

5. Seid ihr sicher, in der richtigen Zeilenfolge des Gedichtes zu stehen? Dann sagt das Gedicht auf. Hört dabei eurem gemeinsamen Vortrag genau zu, denn eventuell müsst ihr einige nicht passende Zeilen noch einmal umstellen.

--> Tipp: Wenn ihr einen Computer in der Klasse habt, könnt ihr die Vertonung des Gedichts z.B. auf YouTube® ansehen, anhören und vielleicht sogar mitsingen.

Schön ist ein Zylinderhut
Schön ist ein Zylinderhut,
wenn man ihn besitzen tut,
doch von ganz besondrer Güte
sind stets zwei Zylinderhüte.
Hat man der Zylinder drei,
hat man einen mehr als zwei,
Vier Zylinder, das sind grad
zwei Zylinder zum Quadrat.
Fünf Zylinder sind genau
für drei Kinder, Mann und Frau,
sechs Zylinder, das ist toll,
machen das halbe Dutzend voll.
Sieben Zylinder sind genug
für nen kleinen Leichenzug,
hat man der Zylinder acht,
wird der Pastor auch bedacht.
Hat man der Zylinder neun,
kriegt der Küster auch noch ein',
zehn Zylinder sind bequem
für das Dezimalsystem.
Elf Zylinder, o wie fein,
sind zwölf Zylinder minus ein',
zwölf Zylinder, o wie schön,
würden den Aposteln stehn.

Welche Wörter sind besonders wichtig, wenn man in einer fremden Spache zurechtkommen will? Vielleicht habt ihr dazu im Urlaub schon erste Erfahrungen gesammelt. Nun sollt ihr euch aber einmal genauer mit dieser Frage auseinandersetzen.

Max Huywler

Meine siebzehn Wörter

Als der Prinz gelernt hatte, was am Hofe zu lernen war, sagte der Vater zu ihm: „Es ist Zeit, dass du das Leben kennen lernst. Geh in das Land jenseits der Berge, wo fremde Menschen leben und eine fremde Sprache sprechen. Meide die Fürstenhäuser. Versuche durchs Leben zu kommen wie ein Mann aus dem Volk." – „Wie soll ich ehrlich durchs Leben kommen, wenn ich die Sprache jenes Volkes nicht kenne?", fragte der Sohn. „Geh zu deinem Lehrer, er kennt die Sprache und wird dich beraten."

„Lehr mich die Sprache des Volkes hinter den Bergen", sagte der Prinz zu seinem Lehrer. „lehr mich so viel wie ich brauche, um mich durchs Leben zu bringen. Die Sprache ist leichtes Gepäck."
„Da dein Vater wünscht, dass du mit wenigem zurechtkommst und nur so viel an Gepäck mitnehmen sollst wie du zu tragen vermagst, so soll auch dein Sprachschatz bescheiden sein: Denke dir siebzehn Wörter aus, die du zum Überleben zu benötigen glaubst. Wenn du die Wörter hast, dann komm zurück, ich will sie dir übersetzen."

Es dauerte mehrere Tage, bis der Prinz mit der Liste der siebzehn Wörter zu seinem Lehrer kam. „Du hast gut gewählt, ich will sie dir übersetzten, vorsprechen und aufschreiben."

(© Max Huywler)

Meine siebzehn Wörter 2/2

Der Prinz hat die Aufgabe, 17 Wörter zu finden, die er zum Überleben unbedingt braucht.

1. Überlege dir, welche 17 Wörter für dich besonders wichtig sind. Schreibe sie auf.

____

____

____

--> **Tipp:** Denke dabei an die unterschiedlichen Lebensbereiche, in denen du sprichst, und an deine Bedürfnisse, die du mit Hilfe der Wörter zum Ausdruck bringen möchtest.

2. Setzt euch in 4er-Gruppen zusammen. Stelle deine Liste der Gruppe vor. Begründe deine Auswahl, um deine Mitschüler zu überzeugen.
3. Einige dich mit deiner Gruppe auf eure 17 wichtigsten Wörter.
4. Schreibe diese Wörter mit deiner Gruppe in einer „Wörterüberlebensliste" auf.

Unsere 17 Wörter

1	10
2	11
3	12
4	13
5	14
6	15
7	16
8	17
9	

5. Stelle gemeinsam mit deiner Gruppe eure Liste den anderen vor, und sprecht über eure Entscheidungen. Gibt es Gemeinsamkeiten, Unterschiede, Kritik oder Zweifel?

--> **Tipp:** Wenn es Mitschüler gibt, die mit einer anderen Sprache als Deutsch aufgewachsen sind, dann könnt ihr eure wichtigsten Klassenwörter in deren Sprache übersetzen.

Geförderte Kompetenzen 1/4

Seite	Kompetenzen
Mit geschlossenen Augen sehen	ein Gedicht nach einem vorgegebenen Muster erweitern; einen Text planen und entwerfen; Wortarten kennen und funktional gebrauchen; Sätze nach einem vorgegebenen Muster erstellen
Die Häuser der Gegensätze	Wortschatzarbeit: Antonyme; Texte dem Zweck entsprechend gestalten
Wortartenmeister – Das Wörterbuch hilft	Wortarten kennen; Freude am Spiel mit Sprache; Nachschlagewerke nutzen; Umgang mit Nachschlagewerken üben
Der Wortbausteinwürfel	Rechtschreibstrategien anwenden; Wortschatzarbeit, Freude am Spiel mit Sprache
Personen-Memory® der Gegensätze	Wortschatzarbeit: Antonyme; Freude am Spiel mit Sprache
Tiger-Jagd	grammatische Kategorien und ihre Leistungen in situativen und funktionalen Zusammenhängen kennen und nutzen; ein Gedicht nach einem vorgegebenen Muster erweitern; einen Text planen und entwerfen; Wortarten kennen und funktional gebrauchen; Sätze nach einem vorgegebenen Muster erstellen
Das mag ich an dir	Wortschatzarbeit; Wortarten kennen, funktional und adressatenbezogen gebrauchen; Wortbedeutungen klären; Wörter adressatengerecht zuordnen; Freude am Spiel mit Sprache
Satzglieder-Quiz	grammatische Kategorien und ihre Leistungen in situativen und funktionalen Zusammenhängen kennen und nutzen; grammatische Proben anwenden
Wörterbucharbeit: Fremdwörter sammeln	Nachschlagewerke nutzen; Umgang mit Nachschlagewerken üben; wichtige Regeln der Orthographie kennen und berücksichtigen; fremdsprachliche Einflüsse auf unsere Sprache erkennen
Zeitlauf	Wortarten kennen, funktional gebrauchen; Freude am Spiel mit Sprache
Facebook: Super oder blöd?	Vorerfahrungen nutzen; Verfahren zur Textstrukturierung und -aufnahme nutzen; Informationen ordnen, prüfen und ergänzen; einen nichtlinearen Text verfassen
Wie viele Söhne siehst du?	Textschemata erfassen; Leseerwartungen und -erfahrungen nutzen; Bezüge zwischen Textteilen herstellen
Symbole-Domino	Wortbedeutungen klären; sprachliche Gestaltungsmittel erkennen; Freude am Spiel mit Sprache

Seite	Kompetenzen
Heaven: Wenn Jugendliche weglaufen	Verfahren zur Textstrukturierung kennen und anwenden; Stichwörter formulieren; wesentliche Elemente eines Textes erfassen; Handlungen, Verhaltensweisen und Verhaltensmotive bewerten
Lesekettenspiel	Leseerwartungen bewusst nutzen; zentrale Inhalte erschließen; Texte szenisch gestalten
Ein Expertentreffen zu Cannabis	Vorerfahrungen nutzen; Verfahren zur Textstrukturierung und -aufnahme nutzen; beim Lesen erfasste Informationen ordnen und vortragen
Ein Jahr im Ausland – eine Talkshow durchführen	Verfahren zur Textstrukturierung und -aufnahme nutzen; beim Lesen erfasste Informationen ordnen und vortragen; die eigene Meinung begründet und nachvollziehbar vertreten; auf Gegenpositionen argumentierend eingehen; verstehend zuhören; Gesprächsformen moderieren
Umweltschutz in der Schule – Da machen wir mit!	Verfahren zur Textstrukturierung und -aufnahme kennen und nutzen
Gedichtpuzzle über die Liebe	sprachliche Gestaltungsmittel in einem Gedicht erfassen; eigene Deutungen des Textes entwickeln und sich mit anderen darüber verständigen; produktive Schreibformen nutzen
„... ich liebe dich ..."	Aufbau eines Textes erfassen und situationsbezogen ergänzen; einen Text nach einem vorgegebenen Muster schreiben
Ein Rondell: Das bin ich!	Texte sprachlich gestalten, sprachliche Mittel gezielt einsetzen; einen formalisierten Text verfassen
Die Brüder Löwenherz – Nangijala als Ort des Trostes	Wesentliches hervorheben; Randbemerkungen setzen; Inhalte mit eigenen Worten wiedergeben; mit Hilfe einer Schreibkonferenz eine Stoffsammlung erstellen; produktive Schreibformen nutzen
Gute Wünsche für dich und mich	ein Parallelgedicht schreiben; einen Text planen und entwerfen
Vorbilder-Memory®	formalisierte Texte schreiben; zentrale Schreibformen beherrschen
Eine E-Mail beantworten	Aufbau eines Textes erfassen und situationsbezogen ergänzen; Medien verstehen und nutzen, wesentliche Darstellungsmittel kennen und deren Wirkungen einschätzen
Lexikon der Klassensprache	Sprache und Sprachgebrauch untersuchen; Sprachen in der Sprache kennen und ihre Funktionen unterscheiden

Seite	Kompetenzen
Das Lexikonspiel	Nachschlagewerke nutzen; Umgang mit Nachschlagewerken üben; fremdsprachliche Einflüsse auf unsere Sprache erkennen; Freude am Spiel mit Sprache
Einen Liebesbrief schreiben	eine Stoffsammlung erstellen; einen Text ziel-, adressaten- und situationsbezogen sowie materialorientiert konzipieren; Informationsquellen gezielt nutzen
Ein Bild – Viele Geschichten	einen Text ziel- und situationsbezogen formulieren; Vorerfahrungen nutzen
Eine Annonce schreiben	einen Paralleltext schreiben; einen Text planen und entwerfen
Stegreifspiel mit Stimmungskarten	eigene Erlebnisse, Haltungen, Situationen szenisch darstellen; Aufmerksamkeit für verbale und nonverbale Äußerungen entwickeln; Wirkungen der Redeweise kennen, beachten und situations- sowie adressatengerecht anwenden
So spreche ich jemanden an – Top oder Flop!?	eigene Erlebnisse, Haltungen, Situationen szenisch darstellen; Aufmerksamkeit für verbale und nonverbale Äußerungen entwickeln; Wirkungen der Redeweise kennen, beachten und situations- sowie adressatengerecht anwenden; kriterienorientiert das eigene Gesprächsverhalten und das anderer beobachten, reflektieren und bewerten
Der Regentag-Rap	einen Text sinngebend und gestaltend vortragen; Wirkungen der Redeweise kennen, beachten und situations- sowie adressatengerecht anwenden; sich gezielt sachgerechte Stichwörter aufschreiben
Zeitungspantomime	Wörter szenisch gestalten; Aufmerksamkeit für nonverbale Äußerungen entwickeln
Verwandlungen	Antonyme szenisch gestalten; Aufmerksamkeit für nonverbale Äußerungen entwickeln; sich gezielt sachgerechte Stichwörter aufschreiben
Ausgrenzung? – Da spielen wir nicht mit!	eigene Erlebnisse, Haltungen, Situationen szenisch darstellen; Aufmerksamkeit für verbale und nonverbale Äußerungen entwickeln; Wirkungen der Redeweise kennen, beachten und situations- sowie adressatengerecht anwenden; kriterienorientiert das eigene Gesprächsverhalten und das anderer beobachten, reflektieren und bewerten
Das kann ich gut – Das könnt ihr von mir lernen	Kurzdarstellungen mit Hilfe einer Stichwortsammlung frei vortragen; wesentliche Aussagen aus umfangreichen gesprochenen Texten verstehen, diese Informationen sichern und wiedergeben

Seite	Kompetenzen
Unterstützung aus der Zukunft	eigene Erlebnisse, Haltungen, Situationen szenisch darstellen; Aufmerksamkeit für verbale und nonverbale Äußerungen entwickeln; Wirkungen der Redeweise kennen, beachten und situations- sowie adressatengerecht anwenden
Hilfe, mein Computer denkt!?	Medien verstehen: zwischen eigentlicher Wirklichkeit und virtuellen Welten in Medien unterscheiden; einen Text sinngebend und gestaltend vortragen
Welche Meinung hast du?	sich artikuliert, verständlich, sach- und situationsangemessen äußern; die eigene Meinung begründet und nachvollziehbar vertreten; mündliches Argumentieren üben
Zukünftige Berufe	Informationen zielgerichtet entnehmen, ordnen, vergleichen, prüfen und ergänzen
Vom Freundschafts-ABC zur Geschichte der Freundschaft	Wortschatzarbeit; Wortarten kennen, funktional und adressatenbezogen gebrauchen; Freude am Spiel mit Sprache; Wortschatzarbeit; Aufmerksamkeit für verbale Äußerungen entwickeln; längere freie Redebeiträge leisten; Anknüpfungen formulieren
Das sprechende Bild	eine Stoffsammlung erstellen; Vorgehensweise aus Aufgabenstellungen herleiten; zentrale Schreibformen beherrschen (kreatives Schreiben); produktive Methoden anwenden
Ich bin ein Fan von …	Wortschatzarbeit; Aufmerksamkeit für verbale Äußerungen entwickeln; Kategorien bilden
Eine Collage über mich	eine Stoffsammlung erstellen; Vorgehensweise aus Aufgabenstellungen herleiten; produktive Methoden anwenden
Die Wunschmaschine	eine Skizze erstellen und als Hilfe bei einem freien Redebeitrag nutzen; Medien als Informationsmöglichkeiten nutzen
Fantasiereise	verstehend zuhören, wesentliche Aussagen aus umfangreich gesprochenen Texten verstehen; eigene Erlebnisse, Haltungen, Situationen in Wort und Bild darstellen
Ein Gedicht läuft durch die Klasse	Gesprächsbeiträge anderer verfolgen und aufnehmen; sich konstruktiv an einem Gespräch beteiligen; durch gezieltes Fragen notwendige Informationen beschaffen; Textschemata erfassen
Meine siebzehn Wörter	Vorerfahrungen nutzen; zentrale Inhalte erschließen; Stoffsammlung erstellen; die eigene Meinung begründen und vertreten; sich situationsangemessen äußern

Medientipps

Frauen, C., Rohr, U. u.a.:
Lesen macht stark. Projektmanagement.
Cornelsen Verlag, 2009. ISBN 978-3-06-060001-4

Green, N., Green, K.:
Kooperatives Lernen im Klassenraum und im Kollegium.
Kallmeyer'sche Verlagsbuchhandlung GmbH, 2010^5.
ISBN 978-3-7800-4937-7

Haas, G.:
Handlungs- und produktionsorientierter Literaturunterricht.
Kallmeyer'sche Verlagsbuchhandlung GmbH, 2004^5.
ISBN 978-3-7800-2003-1

Kammler, C. (Hg.):
Literarische Kompetenzen – Standards im Literaturunterricht.
Kallmeyer'sche Verlagsbuchhandlung GmbH, 2006.
ISBN 978-3-7800-2085-7

Rohr, U.:
Vertretungsstunden to go. Deutsch 5/6.
Verlag an der Ruhr, 2012. ISBN 978-3-8346-0970-0

Rohr, U.:
Der Junge im gestreiften Pyjama. Literaturkartei Plus.
Verlag an der Ruhr, 2011. ISBN 978-3-8346-0888-8

Rohr, U.:
„Dis wo ich herkomm" – Ein Literaturprojekt zu Samy Deluxe.
Verlag an der Ruhr, 2010. ISBN 978-3-8346-0739-3

Scheller, I.:
Szenisches Spiel. Handbuch für die pädagogische Praxis.
Cornelsen Verlag Scriptor GmbH & Co. KG, 1998.
ISBN 978-3-589-21088-6

Spinner, K. H.:
Kreativer Deutschunterricht.
Kallmeyer'sche Verlagsbuchhandlung GmbH, 2001.
ISBN 978-3-7800-2040-6

Verlag an der Ruhr

Postfach 10 22 51
45422 Mülheim an der Ruhr

Telefon 030/89 785 235
Fax 030/89 785 578

bestellungen@cornelsen-schulverlage.de
www.verlagruhr.de

■ KlassenlehrerIn sein

Das Handbuch. Strategien, Tipps, Praxishilfen

Für alle Schulstufen, 174 S., 16 x 23 cm, Paperback, farbig
ISBN 978-3-8346-0154-4

■ Unterrichtsvorbereitung

Strategien, Tipps und Praxishilfen

Für alle Schulstufen, 176 S., 16 x 23 cm, Paperback
ISBN 978-3-8346-0667-9

■ Produktive Unterrichts-einstiege

100 motivierende Methoden für die Sekundarstufen

Kl. 5–13, 134 S., 16 x 23 cm, Paperback
ISBN 978-3-8346-0022-6

■ Produktive Arbeitsphasen

100 Methoden für die Sekundarstufen

Kl. 5–13, 152 S., 16 x 23 cm, Paperback
ISBN 978-3-8346-0325-8

■ Unterrichtseinheiten erfolgreich abschließen

100 ergebnisorientierte Methoden für die Sekundarstufen

Kl. 5–13, 137 S., 16 x 23 cm, Paperback
ISBN 978-3-8346-0153-7

■ So stimmt es mit der Stimme

Übungen zur Sprech- und Stimmbildung für Lehrer

Für alle Schulstufen, 103 S., 16 x 23 cm, Paperback
ISBN 978-3-8346-0763-8

■ Cool down!

Entspannungs- und Konzentrationsübungen im Schulalltag

Kl. 5–13, 135 S., 16 x 23 cm, Paperback
ISBN 978-3-8346-0661-7

■ Relax! Entspannt Lehrer sein

Für alle Schulstufen, 120 S., 21 x 22 cm, Paperback, farbig
ISBN 978-3-8346-0544-3

Strategien • Tipps • Praxishilfen